HOLGER ROSTEK

Der rechtlich unverbindliche Befehl

Schriftenreihe zur
Rechtssoziologie und Rechtstatsachenforschung

Herausgegeben von Ernst E. Hirsch und Manfred Rehbinder

Band 25

Der rechtlich unverbindliche Befehl

Ein Beitrag zur Effektivitätskontrolle des Rechts

Von

Dr. Holger Rostek

DUNCKER & HUMBLOT / BERLIN

Gedruckt 1971 bei Alb. Sayffaerth, Berlin 61
Printed in Germany

ISBN 3 428 02585 7

Vorwort des Herausgebers

Im Gegensatz zu einer gesetzlich formulierten abstrakten Rechtsnorm, die lediglich eine ad incertas personas gerichtete Gebahrenserwartung (Th. Geiger) ausspricht, ist Adressat eines konkreten Befehls eine bestimmte Person oder Gruppe, die zum „Gehorsam“ deshalb verpflichtet ist, weil sie in einem durch Über- und Unterordnung qualifizierten Rechtsverhältnis steht. In einem Rechtsstaat kann weder die Befehlsgewalt unbeschränkt noch die Gehorsamspflicht unbedingt sein. Die rechtlichen Grenzen werden durch abstrakte Rechtsnormen gezogen. Diese müssen in ihrer Zielsetzung sachentsprechend („vernünftig“), für den in Betracht kommenden Adressatenkreis klar („verständlich“) und durch jeden in concreto mit der Norm konfrontierten Adressaten faktisch realisierbar sein. Ein auf Rationalität seines Handelns bedachter Gesetzgeber geht — sozusagen selbstverständlich — davon aus, daß jedes von ihm erlassene Gesetz die genannten drei Bedingungen erfüllt. In Wirklichkeit aber handelt es sich dabei bestenfalls um eine Vermutung, deren Kraft oder Hinfälligkeit offensichtlich wird, sobald man die Art und Weise sowie den Umfang der faktischen Gesetzesverwirklichung unter die Lupe nimmt und die Ursachen für die von der gesetzlichen Norm abweichende oder gar ausbleibende Normverwirklichung aufdeckt.

Dieser Aufgabe hat sich der Verfasser der hiermit der Öffentlichkeit vorgelegten Studie gewidmet und zwar im Hinblick auf den Effektivitätsgrad der für die rechtlichen Grenzen der militärischen Befehlsgewalt und des Ungehorsams maßgebenden Bestimmungen.

Eine methodisch einwandfreie Bewältigung dieser Aufgabe erforderte nicht nur eine genaue Kenntnis und Auswertung der einschlägigen Rechtsprechung und Verwaltungsübung unter dem Gesichtspunkt der Strafrechtsdogmatik, sondern auch eine Vertrautheit mit der Technik empirischer Sozialforschung. Deshalb ist es nicht nur dem Verfasser selbst, sondern auch mir als Herausgeber dieser Schriftenreihe ein echtes Bedürfnis, allen denen zu danken, welche den Verfasser bei seinen Bemühungen unterstützt haben, insbesondere den Herren Prof. Dr. Albin Eser (Univ. Bielefeld), Dipl. Soz. Hans Braun (Univ. Tübingen), Dr. rer. soc. Erhard Wiehn (Univ. Konstanz), der Arbeitsgruppe Empirie der Universität Bielefeld sowie den ungenannt bleibenden 314 Bundeswehrsoldaten und Offizieren, welche eine schriftliche Befragung während des normalen Dienstes im Rahmen des Unterrichts „Innere Führung und Recht" mit anschließenden Diskussionen ermöglicht haben.

Interessieren die Befragungsergebnisse im einzelnen den Sozialwissenschaftler, der sich mit Verhaltensforschung befaßt, so machen die vorsichtigen Folgerungen, die der Verfasser berechtigter Weise aus den empirischen Daten und ihrer Auswertung zieht, den Juristen sehr nachdenklich: Obwohl die Begrenzung der Befehlsgewalt und der Gehorsamspflicht im Gesetz klar formuliert, in ihrer Zielsetzung vernünftig und auch durchaus realisierbar zu sein scheinen, stößt die Normverwirklichung auf „beinahe unlösbare praktische Schwierigkeiten" (S. 31). Hierfür dürften mehrere Ursachen in Betracht kommen: Neben der unzureichenden und mangelhaften Gesetzeskenntnis der Bevölkerung steht das mangelnde Rechtsverständnis, das von den Gesetzesmachern und -anwendern meist gar nicht in Rechnung gestellt wird. Wie soll ein Soldat z. B. wissen, was eine „mit Strafe bedrohte Handlung" ist, unter welchen Voraussetzungen eine derartige Handlung strafrechtlich als „Verbrechen" oder „Vergehen" beurteilt oder als „völkerrechtswidrig" betrachtet wird? Selbst wenn aber dem Befehlsempfänger der Unrechtsgehalt eines Befehls bekannt oder bei gehöriger Gewissensanspannung erkennbar ist, fehlt ihm in vielen Fällen die „Zivilcourage" zum Ungehorsam. Er beruhigt sein Gewissen mit dem (oft unrichtigen) Glauben, daß die eigene Verantwortlichkeit ausgeschlossen sei; oder er hegt die (begründete oder unbegründete) Befürchtung, mit irgendwelchen dienstlichen oder außerdienstlichen Nachteilen rechnen zu müssen, wobei bewußter Mißbrauch der Befehlsgewalt oder des Ungehorsams als unproblematische Grenzfälle gelten mögen.

Erkenntnis der Ursachen, warum bestimmte Gesetzesnormen „leerlaufen", verpflichtet zum Nachdenken über die Mittel und Wege, diese Ursachen möglichst auszuschalten. Der diesbezüglichen Schlußbemerkung des Verfasser wäre nur anzufügen, daß es vor allem wirksamerer Maßnahmen zur Internalisierung dessen bedarf, was „Menschenwürde" an *ethischen* Postulaten in sich schließt. Leges sine moribus vanae.

September 1971

Ernst E. Hirsch

Inhaltsverzeichnis

Zweiter Teil

Die Umfrage

Abkürzungsverzeichnis

Abs.	=	Absatz
AG	=	Amtsgericht
Anm.	=	Anmerkung
Art	=	Artillerie
Art.	=	Artikel
Az	=	Aktenzeichen
BDH	=	Entscheidungen des Bundesdisziplinarhofes, seit 1955
BGH	=	Bundesgerichtshof
BGHSt	=	Entscheidungen des Bundesgerichtshofes in Strafsachen, seit 1951
BT	=	Besonderer Teil
Btl	=	Bataillon
BVerwG	=	Bundesverwaltungsgericht
Div	=	Division
DVBl	=	Deutsches Verwaltungsblatt
FAZ	=	Frankfurter Allgemeine Zeitung
GA	=	Goltdammers-Archiv für Strafrecht
GG	=	Grundgesetz für die Bundesrepublik Deutschland vom 23. 5. 1949
Gren	=	Grenadier
Grp	=	Gruppe
GrpFhr	=	Gruppenführer
HESt	=	Höchstrichterliche Entscheidungen in Strafsachen, 1948—1950
h. M.	=	herrschende Meinung
JZ	=	Juristenzeitung
JuS	=	Juristische Schulung
Kdr	=	Kommandeur
Kp	=	Kompanie
KpChef	=	Kompaniechef
KRG	=	Kontrollratsgesetz
LG	=	Landgericht
LL	=	Luftlandetruppe
MDR	=	Monatsschrift für Deutsches Recht
MStGB	=	Militärstrafgesetzbuch vom 20. 6. 1872 in der Fassung vom 1. 10. 1940
N	=	Anzahl der Fälle
NJW	=	Neue Juristische Wochenschrift
NZWehrr	=	Neue Zeitschrift für Wehrrecht

Offz	=	Offizier
OLG	=	Oberlandesgericht
OWiG	=	Ordnungswidrigkeitengesetz vom 24. 5. 1968
OvD	=	Offizier vom Dienst
p	=	Signifikanzniveau
Pz	=	Panzer
RGSt	=	Entscheidungen des Reichsgerichts in Strafsachen
RKG	=	Entscheidungen des Reichskriegsgerichts 1928—1944
RMG	=	Entscheidungen des Reichsmilitärgerichts, Bd. 1—22, 1902 bis 1919
SG	=	Soldatengesetz vom 19. 3. 1959
StGB	=	Strafgesetzbuch
StPO	=	Strafprozeßordnung vom 1. 2. 1877
SZ	=	Süddeutsche Zeitung
TDG	=	Truppendienstgericht
UA	=	Unteroffiziers-Anwärter
Uffz	=	Unteroffizier
Urt.	=	Urteil
UvD	=	Unteroffizier vom Dienst
VorgV	=	Verordnung über die Regelung des militärischen Vorgesetztenverhältnisses (Vorgesetztenverordnung) vom 4. 6. 1956
WDO	=	Wehrdisziplinarordnung vom 15. 3. 1957
WStG	=	Wehrstrafgesetz vom 30. 3. 1957
ZgFhr	=	Zugführer

Einleitung

Der rechtlich unverbindliche, militärische Befehl, insbesondere der verbrecherische Befehl, ist Gegenstand vieler Erörterungen. So ist es auch nicht verwunderlich, daß die Mehrzahl der dogmatischen Probleme gelöst ist. Zwar bleiben noch einige ungeklärte Fragen, wie z. B. die Pflicht zur Erhebung von Gegenvorstellungen, die Prüfungspflicht oder der sog. „gefährliche“ Befehl. Aber diese „Rest“probleme allein rechtfertigen eine erneute Aufnahme des Themas nicht.

Aufgeschreckt durch „das Massaker von My Lai“, beunruhigt durch die Greueltaten, die in den noch heute stattfindenden Kriegsverbrecherprozessen zutage treten, sieht sich der Verfasser zu der Frage genötigt, inwieweit der Gesetzgeber durch die Regelung der §§ 5, 22 WStG und § 11 SG sein damit bezwecktes Ziel, ähnliches zu verhindern, erreicht bzw. erreichen kann. Aber nicht nur Befehle, die ein Verbrechen oder Vergehen beinhalten, sollen auf diese Weise untersucht werden. Vielmehr interessieren darüber hinaus die menschenunwürdigen und nichtdienstlichen Befehle, die im Frieden häufiger vorzukommen pflegen.

Die Fragestellung bestimmt zugleich die Arbeitsweise. Zunächst ist der historische Hintergrund unserer heutigen Regelung zu durchleuchten. Dann wird das Ziel der Regelung konkret formuliert werden müssen. Es folgt die Befragung von 314 Bundeswehrsoldaten, deren Kenntnis von den gesetzlichen Vorschriften an Hand von zwei Wissensfragen festgestellt wird. 10 sich anschließende Befehlsituationen geben den befragten Soldaten Gelegenheit, ihre mutmaßliche Handlungsweise und Motivation darzulegen.

Im nächsten Teil versucht der Verfasser, sich die gewonnenen Ergebnisse für die Gestaltung der rechtlichen Regelung nutzbar zu machen. Die Erkenntnis, daß eine Änderung der rechtlichen Regelung die gewünschte Handlungsweise nicht allein zu bewirken vermag, macht es erforderlich, konkrete Hinweise für die Ausbildung zu geben.

Wenn die empirischen Daten im Mittelpunkt der Arbeit stehen, so ist es auch verständlich, daß der Rahmen der Ausführungen nicht so sehr von den dogmatischen Problemen, sondern von den Problemen, die bei der praktischen Anwendung des Einzelfalles auftauchen, bestimmt wird.

ERSTER TEIL

Die bisherigen Regelungen und deren Zielvorstellungen

Erster Abschnitt

Unverbindliche Befehle nach dem früheren und nach dem geltenden Recht

Die Unverbindlichkeit von Befehlen ist im heutigen Wehrstrafrecht in den §§ 11 SG, 5 und 22 WStG geregelt. Um diese Vorschriften besser verstehen zu können, ist ein Rückblick auf das frühere Recht erforderlich. Insbesondere muß in diesem Zusammenhang § 47 MStGB beachtet werden, an dem sich unsere heutige Regelung orientiert.

I. Unverbindliche Befehle nach dem alten Militärstrafgesetzbuch

§ 47 MStGB lautete:

(1) Wird durch die Ausführung eines Befehles in Dienstsachen ein Strafgesetz verletzt, so ist dafür der befehlende Vorgesetzte allein verantwortlich. Es trifft jedoch den gehorchenden Untergebenen die Strafe des Teilnehmers:

1. wenn er den erteilten Befehl überschritten hat, oder
2. wenn ihm bekannt gewesen ist, daß der Befehl des Vorgesetzten eine Handlung betraf, welche ein allgemeines oder militärisches Verbrechen oder Vergehen bezweckte.

(2) Ist die Schuld des Untergebenen gering, so kann von seiner Bestrafung abgesehen werden.

Im folgenden interessiert nicht die gesamte Problematik des § 47 MStGB. Hier soll nur auf die Frage eingegangen werden, inwieweit § 47 MStGB die Unverbindlichkeit von Befehlen regelt.

Erwähnt § 47 MStGB die Unverbindlichkeit von Befehlen zwar nicht ausdrücklich, so ist doch indirekt eine Entscheidung darüber getroffen worden.

1. Die drei Unverbindlichkeitsfälle

§ 47 Abs. 1 Satz 1 MStGB spricht von Befehlen in Dienstsachen. Nur für solche Befehle gilt der § 47. Erteilt der Vorgesetzte einen Befehl in Dienstsachen, dann trägt er allein dafür die Verantwortung, wenn der Untergebene in Ausführung des Befehles ein Strafgesetz verletzt[1]. Der Vorgesetzte trägt die Verantwortung allein, weil der Untergebene einen in Dienstsachen erteilten Befehl ausführen muß, weil der Vorgesetzte in diesem Falle einen Anspruch auf Gehorsam hat. Dieser Anspruch entfällt, sobald der Vorgesetzte einen nichtdienstlichen Befehl erteilt. Keine Gehorsamspflicht im Falle eines nichtdienstlichen Befehles bedeutet aber Unverbindlichkeit des Befehles[2]. Bei Schwinge[3] ergibt sich diese Unverbindlichkeit aus seiner Definition des verbindlichen Befehles.

Neben der Unverbindlichkeit von nichtdienstlichen Befehlen findet sich im § 47 MStGB ein weiterer Fall der Unverbindlichkeit. Gemäß § 47 Abs. 1 Satz 2 Ziff. 2 MStGB ist der Untergebene für einen Befehl, der eine Handlung des Vorgesetzten betraf, welche ein allgemeines oder militärisches Verbrechen oder Vergehen bezweckte, bei Ausführung strafrechtlich verantwortlich, wenn ihm bekannt war, daß es sich um ein solches Verbrechen oder Vergehen handelte, und er außerdem wußte, daß der Vorgesetzte ein solches bezweckte.

Der Untergebene kann für eine auf Befehl begangene Handlung nur dann strafrechtlich verantwortlich gemacht werden, wenn er die strafbare Handlung begehen rechtlich nicht verpflichtet ist, d. h., daß trotz Vorliegen eines dienstlichen Befehles dieser nicht ausgeführt zu werden braucht. Mit anderen Worten, Voraussetzung für die Verantwortlichkeit des Untergebenen ist ein unverbindlicher Befehl[4]. Um einen unverbindlichen Befehl handelt es sich aber dann, wenn die Voraussetzungen des § 47 Abs. 1 Satz 2 Ziff. 2 MStGB erfüllt sind.

Diese beiden Fälle der Unverbindlichkeit lassen sich aus dem Gesetz selbst entnehmen.

---

[1] Von den Ausnahmen des § 47 Abs. 1 Satz 1 MStGB soll zunächst abgesehen werden.

[2] Ähnlich auch *Rittau*, WStG, Vorbem. zu den §§ 19—21, Anm. 1.

[3] *Schwinge*, MStGB, § 47 III 1 b in Anlehnung an RGSt 64, 67: „Verbindlich ist ein Befehl ... nur dann, wenn er eine Anordnung im materiellen Sinne ist, d. h., wenn es sich bei ihm um eine Anordnung handelt, die sich ihrer Art nach innerhalb des Bereiches der Aufgaben der Wehrmacht hält ..."

[4] So auch die Begründung der Bundesregierung zum Entwurf des SG, 2. Wahlperiode des Bundestages, Drucksache Nr. 1700, S. 20, für den späteren § 11 Abs. 2 Satz 2 SG: „Abs. 2 Satz 2 beantwortet im inneren Zusammenhang mit dem Satz, daß der verbrecherische Befehl keine bindende Kraft hat, die Frage nach der strafrechtlichen *Verantwortlichkeit* des gehorchenden Untergebenen." (Hervorhebungen d. Verf.).

Einen dritten Fall der Unverbindlichkeit hat die Rechtsprechung des Reichskriegsgerichts herausgearbeitet[5]. Danach soll die Pflicht zum Gehorsam auch dann entfallen, wenn ein Befehl eines Vorgesetzten ohne einen sich aus dem Dienstverhältnis ergebenden Grund so tief in das Rechtsgebiet des Untergebenen, in seine Ehre, sein Ansehen, sein Leben, sein wirtschaftliches Dasein usw. eingreift, daß dem Untergebenen bei Abwägung aller Gesichtspunkte nicht *zugemutet* werden kann, den Befehl zu befolgen.

2. Die Fallgruppen im einzelnen

War der Kreis unverbindlicher Befehle auf eine kleine Anzahl beschränkt, so wird der Kreis noch kleiner, wenn man die Fallgruppen im einzelnen betrachtet.

Wenn ein „Befehl in Dienstsachen" ein Befehl ist, der sich in dem Rahmen dessen hält, was der militärische Dienst seinem inneren Wesen nach erfordert[6], so kann man mit Recht mit Marschall von Bieberstein[7] sagen, daß es kaum eine Verrichtung gibt, die innerhalb der bewaffneten Macht nicht Dienst sein könnte.

Sind aufgrund dieser Definition nichtdienstliche Befehle, abgesehen von krassen Fällen[8], kaum denkbar, so ist es auch müßig, Beispiele für unverbindliche Befehle in diesem Bereich anzuführen.

Die Unverbindlichkeit von Befehlen, die ein allgemeines oder militärisches Verbrechen oder Vergehen beinhalten, ist an enge Voraussetzungen geknüpft. Gem. § 47 Abs. 1 Satz 2 Ziff. 2 MStGB ist der Befehl nur dann unverbindlich, wenn dem Untergebenen *bekannt* gewesen ist, daß der Befehl des Vorgesetzten eine Handlung betraf, welche ein allgemeines oder militärisches Verbrechen oder Vergehen *bezweckte*, also erstens muß der Vorgesetzte durch die Ausführung des Befehls die Begehung eines Verbrechens oder Vergehens beabsichtigt haben und zweitens muß dem Untergebenen diese Absicht bekannt gewesen sein[9], wobei darunter nur die Fälle des sicheren Wissens fallen und nicht die Fälle

---

[5] RKG 1, 177 ff.; im Ansatz bereits RMG 19, 251; 22, 81; und RGSt 59, 336.

[6] So RGSt 58, 110; vgl. auch Anm. 3.

[7] *Marschall v. Bieberstein*, Verantwortlichkeit und Gegenzeichnung bei Anordnungen des Obersten Kriegsherrn (1911), S. 388/389.

[8] Z. B. der Befehl an einen Untergebenen auf Mißhandlung von Passanten, auf Verrat militärischer Geheimnisse; *Schwinge*, MStGB, § 47 III 1 b: „In der deutschen Wehrmacht pflegen allerdings Befehle, die jeder Verpflichtungskraft entbehren, nur äußerst selten vorzukommen. Die amtliche Sammlung der Entscheidungen des RMG weist infolgedessen auch nur wenige Beispiele dafür auf."

[9] Die Vorstellung, daß die Ausführung des Befehls objektiv die Begehung eines Verbrechens oder Vergehens zur Folge habe, genügt nicht (*Schwinge*, MStGB, § 47 III 2; RMG 19, 195).

bloßen Zweifels oder bloßen Kennenmüssens. Die Verbindlichkeit hängt also von subjektiven Kriterien ab, der Absicht des Vorgesetzten und der Kenntnis des Untergebenen von dieser Absicht. Wann wird aber der Untergebene die verbrecherische Absicht des Vorgesetzten erkennen können?

Auch die dritte Gruppe, Unverbindlichkeit wegen Unzumutbarkeit, wird sehr selten vorkommen. Die Rechtsprechung bis 1944 hatte, soweit ersichtlich, keinen derartigen Fall zu entscheiden, auch die Entscheidung[10] nicht, die den Grundsatz aufstellte.

Die Figur des unverbindlichen Befehles war also im alten Wehrstrafrecht durchaus anerkannt. Aufgrund der engen Voraussetzungen hinsichtlich der Unverbindlichkeit wurden unverbindliche Befehle aber kaum praktisch.

II. Änderung des § 47 MStGB durch das Internationale Militärtribunal in Nürnberg

Art. 8 des Statuts des Internationalen Militärgerichtshofs vom 8. 8. 1945[11] und Art. II 4 b des Kontrollratgesetzes Nr. 10 vom 20. 12. 1945[12] erklärten § 47 MStGB rückwirkend für unwirksam, indem sie bestimmten, daß Befehle zur Begehung strafbarer Handlungen nicht als Strafausschließungsgrund, sondern nur als fakultativer Strafmilderungsgrund anzusehen seien. Diese Bestimmungen dienten als „rechtliche" Grundlage für das Internationale Militärtribunal in Nürnberg. Sie machten dem Untergebenen die Berufung auf den höheren Befehl unmöglich. Dadurch wurde der Untergebene wesentlich schlechter gestellt als unter der Geltung des § 47 MStGB.

Tatsächlich wurde von dieser Regelung aber nur insoweit Gebrauch gemacht, als die Strafbarkeit auf Fälle der Kenntnis und Offensichtlichkeit des verbrecherischen Charakters beschränkt wurde[13].

Aber auch diese Praxis war eine starke Erweiterung der Verantwortlichkeit. Es fielen die subjektiven Kriterien des Vorgesetzten weg, allein entscheidend war, daß objektiv ein Verbrechen oder Vergehen vorlag und daß dies dem Untergebenen bekannt oder den Umständen nach

---

[10] RKG 1, 177 ff.; vgl. auch BDH NJW 1958, 1464.

[11] Art. 8: „Die Tatsache, daß ein Angeklagter auf Befehl seiner Regierung oder eines Vorgesetzten gehandelt hat, gilt nicht als Ausschließungsgrund, kann aber als Strafmilderungsgrund berücksichigt werden, wenn dies nach Ansicht des Gerichtshofes gerechtfertigt erscheint."

[12] Art. II 4 b: „Die Tatsache, daß jemand unter dem Befehl seiner Regierung oder seines Vorgesetzten gehandelt hat, befreit ihn nicht von der Verantwortlichkeit für ein Verbrechen; sie kann aber als strafmildernd berücksichtigt werden."

[13] So *Stratenwerth*, S. 41 f. mit zahlreichen Nachweisen.

offensichtlich war. Konnte der Untergebene unter diesen Voraussetzungen bestraft werden, so mußte ein solcher Befehl für den Untergebenen unverbindlich sein. Ergebnis dieser Praxis war also eine Ausdehnung des Kreises der unverbindlichen Befehle, insbesondere der verbrecherischen Befehle.

Inzwischen ist man sich aber darüber im klaren, wie diese Bestimmungen *rechtlich* zu qualifizieren sind, nämlich nicht als innerstaatliches Recht und nicht als Völkerrecht. Innerstaatliches Recht konnten sie nicht werden, weil nach wie vor § 47 MStGB galt[14]. Dieser wurde erst am 20. 8. 1946 durch das KRG Nr. 34 aufgehoben. Es wurde aber auch durch sie kein Völkerrecht geschaffen, weil den Siegermächten die Rechtsetzungsbefugnis fehlte[15]. Außerdem widersprachen diese Bestimmungen „eindeutig den bisher allgemein anerkannten ... Grundsätzen des ausländischen Rechts (Art. 347 der amerikanischen Rules of Land-Warfare und § 343 des britischen Manual Military Law)“[16], die die Berufung auf den höheren Befehl zuließen.

Daraus folgt, daß die obengenannten Artikel und ihre Anwendung die Verpflichtungskraft von strafrechtswidrigen Befehlen im Rahmen des § 47 MStGB nicht aufheben konnten, daß also *rechtlich* keine Erweiterung des Kreises unverbindlicher Befehle erfolgte.

III. Unverbindliche Befehle nach dem geltenden Wehrstrafrecht

Regelungen über unverbindliche Befehle befinden sich in § 11 des Soldatengesetzes vom 19. 6. 1956 und in den §§ 5 und 22 des Wehrstrafgesetzes vom 13 3. 1957.

Da die Befehlslehre Bestandteil des militärischen Verwaltungsrechts ist, finden sich zunächst im Soldatengesetz einschlägige Vorschriften. So zählt § 11 SG u. a. die Voraussetzungen auf, bei deren Vorliegen der Untergebene zum Gehorsam verpflichtet ist, bzw. der Gehorsam entfällt (Abs. 1 und Abs. 2 Satz 1), und unter welchen Bedingungen der Untergebene für die Ausführung bestimmter Befehle zur Verantwortung gezogen werden kann (Abs. 2 Satz 2). § 5 Abs. 1 WStG wiederholt den Inhalt des § 11 Abs. 2 SG, um den strafrechtlichen Zusammenhang herzustellen. § 5 Abs. 2 WStG enthält Strafmilderungsgründe und Straf-

---

[14] So vor allem *Arndt*, Grundriß, S. 22: „Die Annahme, daß alte MStG sei mit rückwirkender Kraft aufgehoben, ist mit dem Wortlaut des Gesetzes, den üblichen Gesetzgebungsverfahren und den Gegebenheiten des Lebens nicht in Einklang zu bringen.“

[15] Vgl. *Vogler*, S. 111 ff.; *Jescheck*, Lb., S. 8 f. und S. 85; *v. Weber*, MDR 1948, S. 34 ff. (42).

[16] *Schirmer*, S. 31 ff. mit zahlreichen Nachweisen.

ausschließungsgründe. § 22 Abs. 1 WStG nimmt die Bestimmung des § 11 Abs. 1 Satz 3 und Abs. 2 Satz 1 SG auf und bestimmt, daß die dort angeführten Befehle unverbindlich sind mit den sich daraus für die Ungehorsamstatbestände (§ 19 bis § 21 WStG) ergebenden strafrechtlichen Konsequenzen. Die Absätze 2 und 3 des § 22 WStG enthalten Irrtumsregelungen. Die Paragraphen haben folgenden Wortlaut:

§ 11 SG: (1) Der Soldat muß seinen Vorgesetzten gehorchen. Er hat ihre Befehle nach besten Kräften vollständig, gewissenhaft und unverzüglich auszuführen. Ungehorsam liegt nicht vor, wenn der Befehl nicht befolgt wird, der die Menschenwürde verletzt oder der nicht zu dienstlichen Zwecken erteilt worden ist; die irrige Annahme, es handele sich um einen solchen Befehl, befreit nicht von der Verantwortung.

(2) Ein Befehl darf nicht befolgt werden, wenn dadurch ein Verbrechen oder Vergehen begangen würde. Befolgt der Untergebene den Befehl trotzdem, so trifft ihn eine Schuld nur, wenn er erkennt oder wenn es nach den ihm bekannten Umständen offensichtlich ist, daß dadurch ein Verbrechen oder Vergehen begangen wird.

§ 5 WStG: (1) Begeht ein Untergebener eine mit Strafe bedrohte Handlung auf Befehl, so trifft ihn eine Schuld nur, wenn es sich um ein Verbrechen oder Vergehen handelt und er dies erkennt oder es nach den ihm bekannten Umständen offensichtlich ist.

(2) Ist die Schuld des Untergebenen mit Rücksicht auf die besondere Lage, in der er sich bei der Ausführung des Befehls befand, gering, so kann das Gericht die Strafe nach den Vorschriften über die Bestrafung des Versuches mildern, bei Vergehen auch von der Strafe absehen.

§ 22 WStG: (1) In den Fällen der §§ 19 bis 21 handelt der Untergebene nicht rechtswidrig, wenn der Befehl nicht verbindlich ist, insbesondere wenn er nicht zu dienstlichen Zwecken erteilt ist, oder die Menschenwürde verletzt oder wenn durch das Befolgen ein Verbrechen oder Vergehen begangen würde. Dies gilt auch, wenn der Untergebene irrig annimmt, der Befehl sei verbindlich.

(2) Befolgt ein Untergebener einen Befehl nicht, weil er irrig annimmt, daß durch die Ausführung ein Verbrechen oder Vergehen begangen würde, so ist er nach den §§ 19 bis 21 nicht strafbar, wenn ihm der Irrtum nicht vorzuwerfen ist.

(3) Nimmt ein Untergebener irrig an, daß ein Befehl aus anderen Gründen nicht verbindlich ist, und befolgt er ihn deshalb nicht, so kann die in den §§ 19 bis 21 angedrohte Strafe nach den Vorschriften über die Bestrafung des Versuches gemildert werden, wenn ihm der Irrtum nicht vorzuwerfen ist.

1. Unverbindlichkeit und Rechtswidrigkeit

Verzichtete § 47 MStGB auf den Begriff der Unverbindlichkeit, so spricht jetzt § 22 Abs. 1 WStG die Unverbindlichkeit von Befehlen positiv aus.

Der Begriff „Unverbindlichkeit" bedarf an sich keiner näheren Erläuterung. Ein unverbindlicher Befehl entbehrt jeglicher rechtlichen

Verpflichtungskraft für den Untergebenen. Des öfteren wird aber Unverbindlichkeit mit Rechtswidrigkeit gleichgesetzt[17]. Das ist nur bedingt richtig. Ein unverbindlicher Befehl ist in der Regel auch rechtswidrig. Ein rechtswidriger Befehl ist aber nicht unbedingt unverbindlich. Das ergibt die Auslegung des § 22 Abs. 1 Satz 1 WStG und des § 11 Abs. 2 Satz 2 SG. Wenn Befehle, die ein Verbrechen oder Vergehen beinhalten, unverbindlich sind, dann folgt daraus[18], daß der Befehl zur Begehung einer Übertretung oder außerstrafrechtlichen Unrechts[19] verbindlich ist. Damit ist die Figur des rechtswidrig-verbindlichen Befehls anerkannt[20, 21].

2. Der Kreis der unverbindlichen Befehle

§ 5 WStG verzichtet auf den Begriff der Unverbindlichkeit ebenso wie § 47 MStGB. Aber auch ohne § 22 Abs. 1 WStG heranzuziehen, läßt sich schon aus § 5 WStG die Unverbindlichkeit von Befehlen entnehmen, die ein Verbrechen oder Vergehen beinhalten. Hier läßt sich genau wie bei § 47 Abs. 1 Satz 2 Ziff. 2 MStGB argumentieren: Verantwortlich kann der Untergebene nur sein, wenn er die Straftat zu begehen nicht verpflichtet ist. Verantwortlichkeit des Untergebenen bedeutet aber Unverbindlichkeit des Befehls.

Zweifelhaft ist dennoch, ob nach § 5 WStG die Unverbindlichkeit der Befehle, die ein Verbrechen oder Vergehen beinhalten, auch wieder von subjektiven Kriterien des Vorgesetzten abhängt. Gem. § 22 Abs. 1 WStG

---

[17] Z. B. OLG Celle, Urt. v. 27. 7. 1964 — 2 Ss 274/64 — in *Kohlhaas/Schwenck*, Rspr., § 22 WStG 2/15.

[18] Aus dem „argumentum e contrario".

[19] Zum außerstrafrechtlichen Unrecht gehören insbesondere die Ordnungswidrigkeiten. § 1 Abs. 1 des OWiG vom 24. 5. 1968 definiert einer Ordnungswidrigkeit als eine rechtswidrige und vorwerfbare Handlung, die den Tatbestand des Gesetzes verwirklicht, das die Ahndung einer Geldbuße zuläßt. Die Verwendung des Wortes „Geldbuße" statt „Geldstrafe" bringt zum Ausdruck, daß es sich bei einer Ordnungswidrigkeit um nicht kriminelles Unrecht handelt.

[20] Früher war zwar lebhaft umstritten, ob die Figur des rechtswidrig-verbindlichen Befehls nicht als an sich widersprüchlich abgelehnt werden müsse, da ja Verbindlichkeit und Widerrechtlichkeit einander ausschlössen (so vor allem *M. E. Mayer*, Der allgemeine Teil des deutschen Strafrechts, 1915, S. 335).Heute ist jedoch anerkannt, daß der Gesetzgeber im Interesse der sicheren Handhabe der militärischen Befehlsgewalt die Verbindlichkeit rechtswidriger Befehle anordnen kann und dabei eine gewisse Widersprüchlichkeit in Kauf nehmen darf (vgl. auch *Schwaiger*, Handeln auf Befehl, S. 7).

[21] Dabei ist nach der h. M. der rechtswidrig-verbindliche Befehl Schuldausschließungsgrund (so vor allem *Arndt*, Grundriß, S. 112; *Schönke-Schröder*, Vorbem. § 51 Rdnr. 24, 25; *Dreher-Lackner-Schwalm*, WStG, § 2 Anm. 26), nicht Rechtfertigungsgrund (so aber *Jescheck*, Lb., S. 260, und *Stratenwerth*, Allgemeiner Teil, Rdnr. 491, die eine rechtfertigende Pflichtenkollision annehmen, mit der Konsequenz, daß gegen die Ausführung des Befehls keine Notwehr zulässig ist; ähnlich auch Bringewat, NZWehrr 1971, S. 126 ff.).

sind Befehle unverbindlich, die insbesondere zu nichtdienstlichen Zwecken erteilt werden, die gegen die Menschenwürde verstoßen oder durch deren Befolgung ein Verbrechen oder Vergehen begangen würde. Entscheidend für die Unverbindlichkeit ist also das *objektive* Vorliegen einer dieser Voraussetzungen. Danach ist klargestellt, daß *subjektive* Elemente weder des Vorgesetzten noch des Untergebenen[22] Einfluß auf die Unverbindlichkeit haben.

Aus dem Wort „insbesondere“ in § 22 Abs. 1 WStG ergibt sich, daß die Aufzählung unverbindlicher Befehle nicht abschließend ist[23]. Eine umfassende Aufzählung findet sich bei Schwaiger[24] in Anlehnung an Dreher[25]. Danach gibt es folgende unverbindliche Befehle:

1. Befehle, die zu nichtdienstlichen Zwecken erteilt werden,
2. Befehle, die gegen die Menschenwürde verstoßen,
3. Befehle, durch die ein Verbrechen oder Vergehen begangen würde,
4. völkerrechtswidrige Befehle,
5. Befehle mit unmöglichem Inhalt,
6. Befehle, die sich inhaltlich widersprechen,
7. Befehle, die wegen grundlegender Veränderung der Sachlage unverbindlich sind,
8. Befehle, bei denen die sachlich beschränkte Befehlsbefugnis überschritten wird,
9. Befehle, die unzumutbar tief in den Persönlichkeitsbereich des Untergebenen eingreifen,
10. Befehle bei Vorliegen eines übergesetzlich-rechtfertigenden Notstands und
11. unzweckmäßige Befehle[26].

---

[22] Vgl. aber die Ausführungen zum „gefährlichen“ Befehl, S. 74 ff. im Text.

[23] Für viele *Dreher-Lackner-Schwalm*, WStG, § 2 Anm. 23.

[24] *Schwaiger*, Handeln auf Befehl, S. 158 ff.

[25] *Dreher-Lackner-Schwalm*, a.a.O.

[26] Aber selbst diese Aufzählung umfaßt nicht den Unverbindlichkeitsgrund, den das BVerwG glaubt schaffen zu müssen. Anlaß dazu gab der einem Soldaten erteilte Befehl, sich die Haare schneiden zu lassen, obwohl der Haarschnitt zur Zeit der Befehlserteilung offensichtlich den Erfordernissen des militärischen Dienstes entsprach. Durch Beschluß vom 8. 10. 1968 I WDB 10/68 — (in NZWehrr 1969, S. 65) entschied das Gericht, daß ein Befehl auch dann nicht befolgt zu werden braucht, wenn ihm über seine Rechtswidrigkeit hinaus ein solcher Mangel anhaftet, daß die Annahme seiner Verbindlichkeit mit dem Sinn des Befehlsverhältnisses unvereinbar wäre.

Diese Auffassung hat *Lammich*, Befehl ohne Gehorsam, NZWehrr 1970, S. 49, zu Recht kritisiert. Mit Lammich ist hier Unverbindlichkeit wegen Vorliegens eines nichtdienstlichen Befehls gegeben. Eine Erweiterung unverbindlicher Befehle ist auch für diese Art von Befehlen nicht erforderlich. So auch TDG A Beschluß vom 5. 3. 68 — A 3 BL (c) 76/67 — in NZWehrr 1969, S. 67.

Der Kreis unverbindlicher Befehle ist also wesentlich umfangreicher als im alten Militärstrafrecht. Aus dieser großen Anzahl sollen die drei Hauptfälle herausgegriffen werden, nämlich Befehle, die ein Verbrechen oder Vergehen beinhalten, Befehle, die zu nichtdienstlichen Zwecken erteilt werden, und Befehle, die gegen die Menschenwürde verstoßen[27]. Der Schwerpunkt der Erörterungen soll beim ersten Problemkreis liegen.

Die unverbindlichen Befehle zerfallen in zwei Hauptgruppen[28]. Die erste Gruppe umfaßt die unverbindlichen Befehle, die nicht ausgeführt werden dürfen, bei deren Ausführung der Untergebene also bestraft werden kann. Die zweite Gruppe umfaßt die Befehle, die verweigert werden dürfen, die also nicht ausgeführt zu werden brauchen. Gem. § 11 Abs. 2 Satz 1 SG dürfen Befehle nicht befolgt werden, wenn dadurch ein Verbrechen oder Vergehen begangen würde, gem. § 11 Abs. 1 Satz 3 brauchen Befehle, die die Menschenwürde verletzen oder die nicht zu dienstlichen Zwecken erteilt worden sind, nicht ausgeführt zu werden. Diese Zweiteilung liegt auch dem § 22 WStG mit seinen Absätzen 2 und 3 zugrunde[29].

Zweiter Abschnitt

Die Zielvorstellungen der Regelungen

Der Gesetzgeber verfolgt mit einer Regelung ein bestimmtes Ziel, das erreicht werden soll. Zunächst muß dieses Ziel erst einmal bekannt sein, bevor überprüft werden kann, ob der Gesetzgeber sein Ziel erreicht. Deshalb soll im folgendem das Ziel der §§ 47 MStGB, 5, 22 WStG und 11 SG herausgearbeitet werden.

I. Das Ziel des § 47 MStGB

Gem. § 47 MStGB sollte der befehlende Vorgesetzte grundsätzlich allein verantwortlich sein, wenn durch die Ausführung eines Befehles ein Strafgesetz verletzt wurde. Der gehorchende Untergebene konnte nur

[27] Unter Einbeziehung des unzumutbaren Befehles, vgl. Ziff. 9 der Aufzählung.

[28] *Schreiber* führt in seinem Beitrag „Unverbindliche Befehle — Versuch einer Systematik", NZWehrr 1965, S. 1 ff., noch eine dritte Hauptgruppe an, nämlich diejenigen unverbindlichen Befehle, die nicht befolgt werden *können* (wegen objektiver Unmöglichkeit).

[29] Vgl. *Schreiber*, a.a.O., S. 2.

dann bestraft werden, „wenn ihm bekannt gewesen ist, daß der Befehl des Vorgesetzten ein Handlung betraf, welche ein allgemeines oder militärisches Verbrechen oder Vergehen bezweckte".

Der Regelfall war also eine weitgehende Gehorsamspflicht[30]. Nur unter ganz engen Voraussetzungen entfiel diese, nämlich dann, wenn eine verbrecherische Absicht des Vorgesetzten vorlag und diese dem Untergebenen bekannt war, beides subjektive Kriterien, die schwer zu fassen sind. Mit dieser Regelung wollte der Gesetzgeber im Interesse der Manneszucht und steter Schlagfertigkeit der Wehrmacht die Durchführung der dem Untergebenen obliegenden Gehorsamspflicht sicherstellen[31]. Zugleich verfolgte er das Ziel, einer Überspannung dieser Gehorsamspflicht auf Kosten anderer Rechtsgüter entgegenzuwirken[32]. Da die Verantwortlichkeit des Untergebenen eine seltene Ausnahme war, wurde es dem Untergebenen erleichtert, die Verantwortung auf den Vorgesetzten abzuschieben, ohne daß er etwas zu befürchten hatte. Er war ja in der Regel durch den Befehl gedeckt.

Aus diesem Grunde liegt die Annahme sehr nahe, daß die damalige Regelung des § 47 MStGB die Begehung von Verbrechen oder Vergehen begünstigte. Das bestätigen auch die Erfahrungen im Zweiten Weltkrieg, wo Untergebene als verbrecherisch erkannte Befehle oft kritiklos ausführten[33]. So sind in den heute noch stattfindenden Kriegsverbrecherprozessen häufig die Formulierungen anzutreffen: „Er hat die

[30] Für manche Kritiker war der Umfang der Gehorsamspflicht nicht weit genug. So schreibt *Schwinge*, MStGB, § 47 I: „Die heutige Regelung verwässert die Gehorsamspflicht und dehnt die Verantwortlichkeit des Untergebenen zu weit aus; sie trägt die Gefahr in sich, prompter Befehlsausführung entgegenzuwirken, und hat sich deshalb auch nur gegen den Widerstand der Armee durchsetzen können. Der Gesetzgeber hat das Gehorsamsinteresse zum Vorteil des Interesses an Einhaltung der Strafrechtsordnung allzu stark zurückgesetzt."

Noch weiter geht *Welkisch* mit seiner Forderung, S. 37: „Diese Durchdringung des Vorgesetzten-Verhältnisses mit dem dem Volk und der Nation verantwortlichen Führer ... fordert die Deklarierung der absoluten Gehorsamspflicht gegenüber Dienstbefehlen im neuen Sinne." Und S. 38: „So wird die Neuformulierung des § 47 MStGB im autoritär-nationalsozialistischen Sinne die Aufstellung der unbedingten Gehorsamspflicht gegenüber Dienstbefehlen bringen ..."

[31] So RMG 13, 184.

[32] *Schwinge*, a.a.O.

[33] Daß dies nicht ausnahmslos der Fall war, beschreibt *Schirmer* im Zusammenhang mit dem Kommissarbefehl, S. 40: „Daß eine Schuld der führenden Offiziere im Zweiten Weltkrieg in Verbindung mit der militärischen Gehorsamspflicht nicht bejaht werden kann und ihr Gehorsam *nicht bedingungslos und blind* war, wie leider auch heute noch teilweise in Literatur und Presse, im Rundfunk und Fernsehen behauptet wird, zeigen u. a. die Vorgänge um den sog. Kommissarbefehl vom 6. 6. 1941." (Hervorhebungen d. Verf.).

Befehle in seinem Bereich rückhaltlos befolgt und sein Gewissen zum Schweigen gebracht“[34].

II. Das Ziel der heutigen Regelung

1. § 5 Abs. 1, § 22 Abs. 2 WStG und § 11 Abs. 2 Satz 2 SG

§ 5 Abs. 1 WStG, insoweit auch § 11 Abs. 2 Satz 2 SG, der fast wörtlich mit § 5 Abs. 1 WStG übereinstimmt, ist ein bewußte Abkehr von § 47 MStGB[35]. Er will die Verantwortung des Untergebenen erweitern. Erkennt der Untergebene nämlich, daß der Befehl die Begehung eines Verbrechens oder Vergehens auferlegt oder ist dies ihm nach den ihm bekannten Umständen offensichtlich, dann wird er zur Verantwortung gezogen, wenn er den Befehl ausführt. Voraussetzung für eine Bestrafung ist nur noch das objektive Vorliegen eines Verbrechens oder Vergehens und Kenntnis bzw. Offensichtlichkeit für den Untergebenen, daß ein solches Verbrechen oder Vergehen vorliegt[36].

Die Verantwortlichkeit des Untergebenen ist aber nicht uferlos ausgeweitet worden. Der Untergebene soll nur dann haften, wenn er entweder positiv gewußt hat, daß er ein Verbrechen oder Vergehen begeht, wenn er den Befehl ausführt, oder wenn er das zwar nicht positiv gewußt hat, dieses Nichtwissen aber auf der Blindheit seines Gewissens, auf der Stumpfheit seiner moralischen Anschauung beruht[37].

Durch die volle Verantwortlichkeit bei „Offensichtlichkeit“ des Verbrechens oder Vergehens soll den „Rechtsblinden“ der Einwand abgeschnitten werden, sie hätten nicht gemerkt, was sich abspielt[38]. Sie sollen „wachgerüttelt“ werden. Die Erweiterung der Verantwortlichkeit soll die Begehung von Verbrechen oder Vergehen verhindern, wenn der Untergebene erkannt hat, daß ein solches bei Ausführung des Befehles begangen würde. Der Untergebene soll durch seine ihm aufgezwungene Weigerung mithelfen, Verbrechen und Vergehen zu verhindern. Dabei hat der § 5 WStG nicht so sehr Friedenszeiten im Auge, da im Frieden

---

[34] Urteil im sog. „Einsatzgruppenprozeß“ in SZ Nr. 50 vom 27. 2. 1970.

[35] So Bundesminister *v. Merkatz* in der Begründung zum WStG, Protokolle der 2. Sitzungsperiode, S. 10851: „Der § 5 WStG zieht die Folgerungen aus den schmerzlichen Erfahrungen vor allem des Zweiten Weltkrieges, wo noch der § 47 des alten Militärgesetzbuches galt ...“

[36] § 5 WStG deckt sich insoweit im großen und ganzen mit den Bestimmungen der meisten ausländischen Staaten, vgl. *Stratenwerth*, S. 27 ff.; *Vogler*, S. 127.

[37] *Rittau*, WStG, § 5 Anm. 4.

[38] Vgl. Begr., S. 21: „Gewissenlose und moralisch Blinde können sich hier durch ihre Berufung darauf, daß ihnen das Verbrechen oder Vergehen, das in der Ausführung des Befehles liegt, überhaupt nicht zum Bewußtsein gekommen sei, ihrer Verantwortung nicht entziehen.“

vorsätzliche Verbrechen und Vergehen äußerst selten sind. Vielmehr möchte er auch eine praktikable Regelung für den Kriegsfall bieten.

Durch die Regelung soll aber in erster Linie nur schweres Unrecht verhindert werden. Bei schwerem Unrecht, also Verbrechen oder Vergehen, ist „die strafrechtliche Norm stets stärker als der militärische Befehl“[39].

Bei Übertretungen dagegen ist die militärische Pflicht häufig höher zu bewerten als die Übertretungsnorm. Deswegen soll eine Übertretung die Gehorsamspflicht in keinem Fall in Frage stellen[40].

Verhinderung von Verbrechen und Vergehen will auch § 22 Abs. 2 WStG bezwecken. § 22 Abs. 2 WStG läßt den Untergebenen straffrei ausgehen, wenn er irrig annimmt, daß die Ausführung ein Verbrechen oder Vergehen wäre, und wenn ihm der Irrtum nicht vorzuwerfen ist. Schon die Verhinderung eines möglichen Verbrechens oder Vergehens wird also als wichtiges Ziel angesehen. Hier ist ein Irrtum unschädlich[41], weil der Soldat der Rechtsordnung gemäß handeln möchte und auch mitzuhelfen versucht, das Ziel des Gesetzgebers zu erreichen.

Noch einmal sei das Hauptziel des § 5 Abs. 1 WStG formuliert: *Verhinderungen schweren Unrechts mit Hilfe des Untergebenen.*

2. § 11 Abs. 1 SG und § 22 Abs. 1 und 3 WStG

§ 5 WStG hatte den § 47 MStGB zum Vorbild. § 22 WStG und § 11 Abs. 1 SG sind dagegen echte Neuschöpfungen.

§ 11 Abs. 1 SG eröffnet dem Untergebenen die Möglichkeit, Befehle zu verweigern, die gegen die Menschenwürde verstoßen oder die zu nichtdienstlichen Zwecken erteilt werden.

Wenn § 11 Abs. 1 Satz 3 SG dem Untergebenen gestattet, menschenunwürdige Befehle zu verweigern, so werden die praktischen Konsequenzen aus Art. 1 Abs. 1 GG gezogen. Gem. Art. 1 Abs. 1 GG ist die Würde des Menschen unantastbar. Sie zu achten und zu schützen ist Verpflichtung aller staatlichen Gewalt. § 11 Abs. 1 SG dient also der Wahrung des Grundrechts der Menschenwürde. § 22 Abs. 1 WStG spricht folgerichtig die Unverbindlichkeit menschenunwürdiger Befehle

---

[39] Vgl. dazu Begr., S. 20.

[40] Auf die Abgrenzungsproblematik von Vergehen—Übertretung soll hier nicht eingegangen werden. Schon *Wegener*, NZWehrr 1959, S. 136, sieht sich in Anlehnung an *Rittau*, SG, § 11 Anm. 4, angesichts der Abgrenzungsschwierigkeiten zu der Frage veranlaßt, ob es sinnvoll war, die Gehorsamspflicht und die strafrechtliche Verantwortlichkeit auf der flüssigen Grenze zwischen Übertretung und Vergehen entlanggleiten zu lassen.

[41] A. A. *Oehler*, JuS 1963, S. 306.

aus, so daß bei Verweigerung der Untergebene nicht wegen Ungehorsams bestraft werden kann.

Die Verweigerungsmöglichkeit gegenüber nichtdienstlichen Befehlen (§ 11 Abs. 1 Satz 3 SG) soll bezwecken, daß der Soldat in einem Bereich, der nichts mit dem Dienst zu tun hat, nicht gezwungen sein soll, Befehle auszuführen, die außerhalb der Machtbefugnis des Vorgesetzten liegen[42].

§ 22 Abs. 3 WStG läßt auch den unvermeidbaren Irrtum zu Lasten des Untergebenen gehen. Die Vorschrift soll unberechtigter Weigerung vorbeugen. Die Disziplin könne durch irrende Soldaten, die Befehle zu Unrecht verweigern, gefährdet werden[43]. „Es geht militärisch nicht an, Ungehorsam gegen rechtmäßige und verbindliche Befehle deshalb hinzunehmen, weil der Untergebene sie falsch beurteilt"[44]. Deshalb müsse der Untergebene bestraft werden, wenn er das Vorliegen eines anderen Unverbindlichkeitsgrundes als den des § 22 Abs. 2 WStG irrig annimmt.

3. Die gesamte Regelung

Der Gesetzgeber ist bei den Bestimmungen der §§ 5, 22 WStG und 11 SG um eine insbesondere rechtsstaatliche Lösung bemüht. Rechtsstaatlichkeit mit ihren Forderungen nach Rechtssicherheit und Rechtsklarheit sei durch die Beziehung einer klaren Stellung bei den Fragen um Befehl und Gehorsam, vor allem bei der Frage nach der Verantwortlichkeit des Untergebenen für einen verbrecherischen Befehl verwirklicht. So würden auch die Irrtumsregelungen des § 22 WStG möglichst große Rechtsklarheit anstreben[45].

Zugleich sollten demokratische Grundsätze verwirklicht werden, wie sich insbesondere an der Erweiterung der Verantwortlichkeit des Untergebenen zeige (gegenüber § 47 MStGB)[46].

Die Bestimmungen sollten der Sache gemäß sein, der besonderen Lage, in der sich der Soldat befindet und handelt[47].

Außerdem sei es Ziel der Bestimmungen, „durch knappe Vorschriften für die praktische Anwendung des Einzelfalles und für den Unterricht in der Truppe ein übersichtliches Gesetz zu schaffen"[48].

---

[42] Begr., S. 21; *Scherer*, SG, § 11 Anm. II 3.

[43] Vgl. *Oehler*, JuS 1963, S. 306, der glaubt, auch bei einem Irrtum im Falle des § 22 Abs. 2 WStG werde die Disziplin gefährdet.

[44] Begr., S. 21.

[45] *Merkatz*, Protokolle des Bundestags der 2. Sitzungsperiode, S. 10851 f.

[46] *Merkatz*, a.a.O.

[47] *Merkatz*, a.a.O.

[48] *Arndt*, GA 1957, 52; ähnlich auch *Merkatz*, a.a.O., S. 10852 f.

Ein weiteres Ziel ist, unnötige psychologische Konflikte des Untergebenen zu vermeiden, zumindest im Hinblick auf die *rechtliche* Lösung. So geht § 22 Abs. 3 WStG davon aus, daß der Soldat im Falle der Befolgung von Befehlen, die evtl. gegen die Menschenwürde verstoßen oder die zu nichtdienstlichen Zwecken erteilt sein könnten, kein Risiko eingeht. Wenn er nämlich einen solchen Befehl lt. Vorschrift verweigern kann, dann kann auch auf die Ausführung des Befehls keine Strafe stehen (vgl. § 11 Abs. 1 Satz 3 SG). Bei Zweifeln kann der Untergebene den Befehl also getrost ausführen, ohne mit einer Bestrafung rechnen zu müssen[49]. Das gleiche gilt für Übertretungen. Bei Befolgung eines Befehles, der eine Übertretung zum Gegenstand hat, ist eine Bestrafung nicht möglich[50].

Die rechtliche Regelung ist klar. Ihre Zielsetzung erscheint vernünftig und durchaus realisierbar zu sein. Dennoch wird sich zeigen, daß diese Regelung bei ihrer Anwendung auf beinahe unlösbare praktische Schwierigkeiten stößt.

---

[49] Allerdings bleibt dabei der psychologische Konflikt des Untergebenen unberücksichtigt, der im Hinblick auf eine mögliche Verletzung der Menschenwürde auftreten kann. Darauf hat schon *Schlosser*, JZ 1958, 529, hingewiesen: „Wenn der Soldat beispielsweise glaubt, durch die Ausführung des Befehls seine Menschenwürde zu verletzen, so geht er ein Risiko ein, das u. U. einen erheblich größeren psychischen Druck bedeutet als eine zu erwartende strafrechtliche oder disziplinarrechtliche Sanktion."

[50] Vgl. dazu S. 24 Anm. 21.

ZWEITER TEIL

Die Umfrage

I. Problemstellung und Begründung der Umfrage

1. Die Problemstellung

Eine gesetzliche Regelung soll bezwecken, daß der Betroffene sein Handeln nach ihr ausrichtet; d. h. durch die dem Betroffenen angesonnene Handlungsweise soll das Ziel des Gesetzgebers erreicht werden. So will § 5 WStG den Untergebenen dazu bringen, daß er insbesondere verbrecherische Befehle verweigert. § 11 SG und § 22 Abs. 1 WStG wollen dem Untergebenen ermöglichen, daß er u. a. Befehle mit einem nichtdienstlichen Zweck und Befehle, die gegen die Menschenwürde verstoßen, nicht auszuführen braucht. § 22 Abs. 3 WStG hat zum Ziel, daß der Soldat bei Zweifeln darüber, ob ein Befehl z. B. gegen die Menschenwürde verstößt, den Befehl ausführt, da nach Vorstellung des Gesetzgebers bei unberechtigter Weigerung die Disziplin gefährdet werden könnte. Aus diesem Grunde soll auch der unvermeidbare Irrtum den sich weigernden Soldaten nicht straffrei ausgehen lassen[1].

Fraglich ist, wie und warum dieses „gesetzmäßige" Verhalten im Einzelfall erreicht bzw. nicht erreicht wird. Dazu müssen zunächst einmal die Wege bekannt sein, die zum richtigen[2] bzw. abweichenden[3] Verhalten führen[4]. Der klarste Weg zum richtigen Verhalten, der sich förmlich aufdrängt, ist, daß der Untergebene die Vorschrift und den Sachverhalt kennt, den ihm erteilten Befehl dieser Vorschrift richtig

---

[1] So ist auch das Schlagwort: „Im Zweifel Ausführung", das so oft bei der Truppe verwendet wird, zu verstehen. Vgl. S. 30.

[2] Im Sinne der hier einschlägigen gesetzlichen Vorschriften.

[3] Im folgenden wird unter abweichendem Verhalten das den hier einschlägigen gesetzlichen Vorschriften widersprechende Verhalten verstanden.

[4] Diese und jene Überlegungen werden auch innerhalb der kriminologischen *Kollektivprognose* angestellt. Insbesondere der Gesetzgeber muß bei *neuen* strafrechtlichen Gesetzgebungsarbeiten die Wirkungen auf die Bevölkerung abzuschätzen suchen. Vgl. dazu *Schneider*, Prognostische Beurteilung des Rechtsbrechers: Die ausländische Forschung: in Handbuch der Psychologie, Bd. 11: Forensische Psychologie S. 397 f. — Hier dagegen soll eine Untersuchung der möglichen Wirkungen *bereits bestehender* Vorschriften erfolgen.

zuordnet und aus dieser Kenntnis heraus im Sinne der Vorschrift handelt. Demnach müßte ein Untergebener bei einem verbrecherischen Befehl zunächst den § 5 WStG genau kennen, außerdem wissen, daß hier § 5 WStG zur Anwendung kommt, insbesondere, daß bei Ausführung des Befehles ein Verbrechen begangen würde. Diese sichere Kenntnis müßte ihn schließlich zu seinem Verhalten bestimmen. Bei diesem Modell liegt ein Mechanismus vor, der sich folgendermaßen ausdrücken läßt:

Kenntnis → normgemäßes Verhalten

wobei Kenntnis einmal das Kennen der Vorschrift bedeutet, zum anderen die richtige Anwendung der Vorschrift in bezug auf den dem Soldaten bekannten Sachverhalt.

Es sind aber noch andere Wege denkbar, die zum richtigen Verhalten führen können. So kann z. B. ein Untergebener die Vorschrift gar nicht kennen und trotzdem normgemäß handeln. Hier müssen andere Gründe als die unmittelbare Kenntnis der Vorschrift vorliegen, die seine Handlungsweise bestimmen. Vielleicht hält ihn sein Gewissen von der Ausführung eines verbrecherischen Befehles ab. Vielleicht verweigert er einen Befehl, der gegen die Menschenwürde verstößt, deswegen, weil er sich einen solchen Befehl nicht gefallen läßt. In diesen Fällen verhält sich der Untergebene richtig, obwohl er vielleicht nicht die geringste Ahnung von der Existenz einer Vorschrift hat, die ihm die Möglichkeit der Weigerung gibt[5]. Im letzten Fall kann die Vorschrift nicht für sich den Erfolg des richtigen Verhaltens des Untergebenen in Anspruch nehmen, m. a. W., die Vorschrift hat nichts zum richtigen Verhalten des Untergebenen beigetragen.

Aber auch der umgekehrte Fall ist denkbar. Der Untergebene kann sich trotz Kenntnis der Vorschrift und des Sachverhaltes und trotz Erkennens des ihm von der Vorschrift auferlegten Verhaltens aus irgendwelchen Gründen abweichend verhalten. So kann ein Untergebener einen nichtdienstlichen Befehl z. B. ausführen, obwohl er weiß, daß er diesen Befehl verweigern könnte, weil er z. B. Unannehmlichkeiten des Vorgesetzten als Folge der Weigerung fürchtet. In diesem Beispielsfall mag abweichendes Verhalten nicht so schwerwiegend sein, zumal es hier dem Soldaten freisteht, ob er den Befehl ausführt oder nicht. Viel gravierender ist aber abweichendes Verhalten bei verbrecherischen Befehlen. Abgesehen von den Kriegsverbrechen des Zweiten Weltkrieges, die z. T. noch heute zur Verhandlung vor den Gerichten anstehen, ist dieses Phänomen in jüngster Zeit aus der amerikanischen

[5] Zu dem auf die Unkenntnis der Vorschrift beruhenden gesteigerten Konflikt siehe S. 57.

Armee bekannt geworden. Es ist beinahe schon legendär geworden, das „Massaker von My Lai“ im März 1968.

Hier soll und kann nicht auf die Hintergründe des Massakers eingegangen werden. Hier soll nur eine Tatsache erwähnt werden, nämlich abweichendes Verhalten trotz Kenntnis. Sämtliche Soldaten, die nach Vietnam kamen, erhielten Handzettel mit den ihnen verbotenen Taten ausgehändigt[6]. Obwohl die Soldaten also im einzelnen ganz genau wußten, was verboten war, kam es zu diesem Verbrechen.

Solche Verbrechen, „Abschlachten“ von Zivilisten, Erschießen von Kriegsgefangenen ohne Urteil usw., pflegen nur im Krieg vorzukommen. Innerhalb der Bundeswehr ist es nicht zu solchen Vorfällen gekommen. In diesem Zusammenhang wird deshalb auch § 5 WStG kaum zur Anwendung kommen. Vielmehr wird § 5 WStG in der Regel bei sog. gefährlichen Befehlen aktuell, bei Befehlen, bei deren Ausführung der Untergebene ein fahrlässiges Delikt begeht. Dabei ist in erster Linie an das Iller-Unglück aus dem Jahre 1957 zu denken[7].

Diese drei Wege, die zum richtigen bzw. falschen Verhalten führen, sind nur beispielhaft. Es sind noch viele Motivationsketten denkbar.

Die aufgezeigten Wege sollen im folgenden näher untersucht werden. Besondere Aufmerksamkeit soll dabei der Kenntnis, die zum richtigen Verhalten führt, geschenkt werden, wobei die Zahl der Untergebenen vorrangig interessiert, die diesen Weg wählen würden. Dabei geht es um die verbale, projektive Anwendung des Wissens in einer schriftlichen Befragung.

Neben der Kenntnis erscheint eine Untersuchung der Begründungen der Antworten angebracht, da der Jurist bei Schaffung gesetzlicher Vorschriften aufgrund seines Normdenkens dazu neigt, von von vornherein feststehenden Kausalitäten im menschlichen Verhalten auszugehen, wobei diese Kausalitäten nicht immer erwiesen sind. Das zeigt sich besonders klar bei § 5 WStG. Ihm liegt der Gedanke zugrunde: Wer diese Vorschrift kennt, der verhält sich auch danach. Oder anders ausgedrückt: Kenntnis eines verbrecherischen Befehles führt zu dessen Verweigerung. Daraus werden die strafrechtlichen Konsequenzen gezogen. Der Untergebene wird bestraft, weil er sich abweichend verhält, obwohl er die Möglichkeit des richtigen Handelns gehabt hätte[8].

---

[6] In Time, The Weekly Magazine Dec 5, 1969 Vol 94, No 23, S. 26: „Every G.I. arriving in Viet Nam receives a list of forbidden war crimes and related acts“, including torture, looting, mutilation of enemy dead and the „killing of spies or other persons who have committed hostile acts without trials.“

[7] Und an die Entscheidungen BGHSt 19, 231; SchlHOLG, Urt. v. 11. 11. 1965 — 2 Ss 226/65, zitiert bei *Kohlhaas/Schwenck*, Rspr., § 5 WStG (2).

[8] Vgl. dazu insbesondere S. 96 ff.

2. Aufgabe und Ziel der Umfrage

Aufgabe soll sein zu untersuchen, welche Gründe im speziellen Befehlsbereich den Soldaten bestimmen würden, sich gesetzmäßig bzw. abweichend zu verhalten. Dazu ist zunächst erforderlich, die Kenntnis der Vorschriften festzustellen. Dann wird es nötig sein zu erforschen, wie sich die Soldaten in bestimmten Befehlssituationen verhalten würden, und schließlich gilt es zu untersuchen, welcher Zusammenhang zwischen Kenntnis und Begründung einer Entscheidung zu einem vorgelegten Fall besteht.

Die Feststellung des aktuellen Wissens und die Erforschung der Motivation bei der Handlungsweise der Soldaten sollen nicht Selbstzweck sein. Sie sollen aufzeigen, ob evtl. Rückschlüsse für die Gestaltung der gesetzlichen Regelung[9] möglich sind und ob konkrete Ansatzpunkte für die Form der Ausbildung der Soldaten zu diesem Problemkreis gefunden werden können.

Um das Wissen und die Motivation der Soldaten in der konkreten Befehlssituation zu erforschen, machte der Verfasser eine sechswöchige Wehrübung bei der Bundeswehr, wobei folgende Fragen im Vordergrund standen:

1. inwieweit die Soldaten die Vorschriften über unverbindliche Befehle kennen,
2. ob die Soldaten die Vorschriften richtig anwenden können,
3. welche Gründe dafür bestehen, wieso die Soldaten einerseits im Sinne des Gesetzes handeln, wieso sie andererseits sich nicht an die Vorschriften halten,
4. ob ein evtl. abweichendes Verhalten z. B. auf mangelndes Verantwortungsgefühl zurückzuführen ist, auf Angst vor Bestrafung usw.,
5. ob ein evtl. abweichendes Verhalten einen Schuldvorwurf im juristischen Sinne rechtfertigt.

Die folgenden Ausführungen beruhen in erster Linie auf Beobachtungen von Bundeswehrsoldaten während der sechswöchigen Wehrübung im Mai/Juni 1970 in einer Division des Heeres im süddeutschen Raum. Das Hauptgewicht liegt auf einer schriftlichen Befragung von über 300 Soldaten während des normalen Dienstes im Rahmen des Unterrichts „Innere Führung und Recht". Auf dieses Material stützen sich auch die Tabellen. Viele Anregungen bekam der Verfasser durch die sich regelmäßig an die schriftlichen Befragungen anschließenden

[9] Zwar wird z. B. § 5 WStG als gute Lösung in diesem Bereich angesehen, zumal er in den meisten demokratischen Rechtsordnungen zu finden ist. Das sagt aber noch nichts darüber aus, daß er evtl. verbesserungsbedürftig ist.

Diskussionen. Eine Diskussion im Rahmen der Offiziersausbildung gab dem Verfasser Gelegenheit, die Auffassungen höherer Vorgesetzten[10] zu diesen Problemen kennenzulernen. Nicht zuletzt konnte der Verfasser seine Erfahrungen aus seiner zweijährigen aktiven Dienstzeit als Soldat in der Bundeswehr von 1964—1966 verwerten.

3. Die Auswahlproblematik

Insgesamt wurden 314 Soldaten befragt. Diese Soldaten stammen aus 7 Teileinheiten[11] verschiedener Waffengattungen[12] einer Division[13] im süddeutschen Raum. Der Verfasser suchte möglichst komplette „combat units" aus, Einheiten wie sie auch im Einsatz zusammengesetzt sind mit allen dazugehörigen Dienstgraden. Dadurch wurden in den meisten Fällen sog. „Primärgruppen" erfaßt, die sich für die Sozialforschung als besonders brauchbar erwiesen haben[14]. Durch diese Auswahl wurde vermieden, daß besonders „gute" oder „schlechte" Soldaten zur Befragung herangezogen wurden. Auch verfügten die Soldaten dieser Teileinheiten in etwa über den gleichen Ausbildungsstand.

Die Mehrzahl der Teileinheiten repräsentieren das Bataillon, dem sie angehören. Die Bataillone verschiedener Waffengattungen können wiederum als repräsentativ für eine Division angesehen werden, weil eine Division, abgesehen von ihren eigenen Truppen, aus Bataillonen verschiedener Waffengattungen zusammengesetzt ist.

Bei dieser Struktur zeigt sich, daß es zulässig sein muß, Einheiten auszusuchen, die für die einzelnen Bataillone repräsentativ sind. Aufgrund dieser Auswahl ist es möglich, sich ein gewisses Bild von der Division zu machen.

Der Verfasser ist sich darüber im klaren, daß eine Division des Heeres nicht repräsentativ für das ganze Heer und dies wiederum nicht repräsentativ für die gesamte Bundeswehr sein kann. Einerseits muß aber bedacht werden, daß eine Division ein verhältnismäßig großer Teil der Bundeswehr ist, zum anderen, daß wohl kaum große strukturelle Unterschiede bei den einzelnen Divisionen bestehen. Dabei dürfen natürlich die evtl. Abweichungen der Divisionen, im süddeutschen und norddeutschen Raum z. B., nicht übersehen werden, die

[10] Bis zum Oberstleutnant.

[11] Als Teileinheit bezeichnet man Züge, Staffeln usw. Die Stärke eines Zuges oder einer Staffel kann von um die 20 bis über 40 Soldaten schwanken. Auf die nähere Struktur darf hier nicht eingegangen werden.

[12] Waffengattungen sind z. B. die Fernmeldetruppe, die Luftlandetruppe (Fallschirmjäger), die Technische Truppe usw.

[13] Ein größerer Kreis als der einer Division war dem Verfasser nicht zugänglich.

[14] Vgl. *Moskos*, S. 200.

sich aufgrund der verschiedenen Mentalität der Soldaten ergeben können.

Wenn also kaum Gesamtaussagen[15] über die Bundeswehr gemacht werden können, so kann das Material doch dazu dienen, einige Anregungen für diesen Problemkreis zu geben. Gewisse Thesen scheinen durch die Umfrage erhärtet worden zu sein.

4. Die Durchführung der Umfrage im einzelnen

Bevor auf die einzelnen Fragen eingegangen werden soll, sind noch einige Bemerkungen zu der Umfrage selbst erforderlich. Die Umfrage fand im Rahmen eines normalen Unterrichtes während des Dienstes statt. Auf dem Dienstplan wurde der Unterricht unter dem allgemeinen Thema „Innere Führung und Recht" angekündigt. Dadurch war eine Vorbereitung der befragten Soldaten zu diesem speziellen Thema nicht möglich. Selbst die Einheitsführer wußten nicht, welcher Problemkreis getestet werden sollte.

Bei der Einführung wurde darauf hingewiesen, daß das Thema aus dem wehrrechtlichen Bereich stammt und daß durch die Befragung für eine Untersuchung Material erhoben werden soll. Es wurde ausdrücklich erklärt, daß die Befragung keine Prüfung, kein „Test" des einzelnen Soldaten sein soll. Deshalb erfolgte die Befragung auch anonym. Der Verfasser hielt es außerdem für wichtig zu erwähnen, daß die Umfrage keine offizielle Aktion von Seiten der Bundeswehr sei. Zur Sache selbst wurde an eine gewissenhafte Arbeitsweise appelliert[16]. Der Verfasser war bei allen Befragungen selbst anwesend. An jede Befragung schloß sich eine ausführliche Diskussion an, bei der die Befragten ihre dargelegte Handlungsweise näher begründen konnten.

II. Der Aufbau des Fragebogens

Zunächst wurden die Sozialdaten erfaßt[17]. Dann sollten zwei Wissensfragen die Kenntnis der Soldaten von den Vorschriften überprüfen. Daran schlossen sich 10 Fälle an, die jeweils eine Befehlssituation schildern.

---

[15] Vgl. dazu allerdings *Moskos*, S. 202, der ohne nähere Begründung seine untersuchten Soldaten „als ziemlich typisch und repräsentativ für die Gesamtheit der amerikanischen Kampftruppen" ansieht.

[16] Daß tatsächlich gewissenhaft gearbeitet wurde, zeigt die große Anzahl der spontanen Begründungen zu der gewählten Handlungsweise; siehe S. 54 ff.

[17] Unter Anleitung gemeinsam.

1. Die erfaßten Daten

Der Datenbogen erfaßt:

1. den Dienstgrad, wobei die Einteilung in Mannschaften, Unteroffiziere und Offiziere vorgenommen wurde[18],
2. den Status, mit der Unterscheidung Wehrpflichtiger, Zeitsoldat und Berufssoldat,
3. die Waffengattung, wobei hier 6 Waffengattungen in Frage kommen, nämlich die Fernmeldetruppe, die Luftlandetruppe (Fallschirmjäger), die Artillerie, die Panzergrenadiere, die Technische Truppe und die Panzertruppe,
4. das Alter, mit der Einteilung unter 20 Jahre, 20 bis unter 25 Jahre, 25 bis unter 30 Jahre und 30 Jahre und mehr[19],
5. die abgeleistete Dienstzeit, also die Dienstzeit in der Bundeswehr, die der einzelne Soldat schon hinter sich gebracht hat. Dabei wurden die Kategorien unter 6 Monate, 6 bis unter 12 Monate und 12 Monate und mehr gewählt,
6. den Familienstand,
7. die Stellung im Zivilberuf mit den herkömmlichen Kategorien Beamter, Angestellter, Arbeiter, selbständig und in der Ausbildung, und
8. die Vorbildung (Volksschule, Mittlere Reife, Abitur)[20].

---

[18] Eine genauere Unterteilung bei den Dienstgraden hielt der Verfasser nicht für erforderlich. Bei der Auswertung wurden sogar die Kategorien Unteroffiziere — wobei zu den Unteroffizieren auch die Unteroffiziersanwärter (UA) genommen wurden, da diese den Uffz-Lehrgang schon absolviert haben — und Offiziere zusammengefaßt. Letztlich sollte nämlich die Unterscheidung Untergebener—Vorgesetzter maßgeblich sein. Diese Einteilung fällt aber in der Regel mit der nach Mannschaften einerseits, Unteroffizieren und Offizieren andererseits zusammen. Die Einteilung nach Vorgesetzten und Untergebenen wird auch bei der Auswertung verwendet (siehe S. 53 ff.). Natürlich können auch Mannschaften gewisse Vorgesetzten-Funktionen ausüben, so z. B. als Unteroffizier vom Dienst (UvD). Soweit aber Mannschaften zu Vorgesetztentätigkeiten herangezogen werden, haben sie in der Regel keine zusätzliche *längere* Ausbildung in den allgemeinen Bereichen erhalten. Unter einem Untergebenen wird im folgenden also ein Mannschaftsdienstgrad ohne Vorgesetztenfunktion verstanden.

[19] Die Einteilung der Altersstufen erwies sich als unbrauchbar. Aufgrund der vorgegebenen Kategorien war eine Differenzierung in dem Bereich zwischen 20 bis unter 25 Jahren nicht möglich, obwohl dies bei dem hohen Prozentsatz von 82 % erforderlich gewesen wäre. Dies hätte erreicht werden können, wenn jeder Befragte sein Geburtsjahr hätte angeben können.

[20] Es fehlen die Merkmale Konfession, Herkunft (Stadt/Land) und die Geburtenrangfolge.

2. Die beiden Wissensfragen und ihre Beantwortung

Die Befragten sollten folgende Fragen beantworten:

1. Gibt es Ihrer Meinung nach Befehle, die Sie nicht ausführen dürfen?
2. Gibt es Ihrer Meinung nach Befehle, die Sie nicht auszuführen brauchen?

Die vorgegebenen Antworten lauteten bei beiden Fragen: Ja, Nein, Weiß nicht. Falls die Antwort „Ja" gewählt wurde, sollten Beispiele für die entsprechenden Befehle angeführt werden.

Frage 1 ist mit „Ja" zu beantworten. Als Befehle sollten solche angeführt werden, durch die ein Verbrechen oder Vergehen begangen würde (§ 5 WStG und § 11 Abs. 2 Satz 1 SG). Aufgrund der Zuordnung völkerrechtswidriger Befehle zu diesem Problemkreis, galt es auch als richtig, wenn ein solcher angeführt wurde.

Frage 2 ist ebenfalls mit „Ja" zu beantworten; als Beispiel sollten die Befehle zu nichtdienstlichen Zwecken und Befehle, die gegen die Menschenwürde verstoßen, angeführt werden (vgl. § 11 Abs. 1 Satz 3 SG).

Bei beiden Fragen wurde es auch als richtig beantwortet gewertet, wenn die gesetzliche Regelung nicht ausdrücklich, sondern in Form eines Beispielfalles angeführt wurde[21].

3. Die 10 Fälle und ihre Lösung

Folgende 10 Fälle wurden den Soldaten vorgelegt:

1. *Der Torposten-Fall*

   Sie sind als Torposten an der Wache eingeteilt. Vor dem Tor randalieren mehrere angetrunkene Soldaten, die heimkehren. Der OvD erscheint und fordert die Soldaten zur Ruhe auf. Es entsteht ein großes Durcheinander. Plötzlich wird der OvD von dem Soldaten A von hinten angerempelt. Der OvD meint, es sei der Soldat B gewesen, nimmt B fest und befiehlt Ihnen als Wachposten, B in die Arrestzelle zu sperren. Sie haben die ganze Zeit zugesehen, wissen, daß es nicht B, sondern A war. Sie weisen den OvD darauf hin. Der OvD besteht auf Ausführung des Befehles[22].

2. *Der Gebirgsbach-Fall*

   Im Rahmen einer Übung werden Sie als GrpFhr eingeteilt. Sie bekommen vom KpChef den Befehl, mit der Grp mit vollem Marschgepäck einen reißenden Gebirgsbach zu durchqueren. Da Sie die Überquerung für äußerst gefährlich halten, machen Sie Ihren KpChef auf Ihre Bedenken aufmerksam. Der KpChef besteht auf Ausführung.

---

[21] Führte z. B. ein Soldat an, er brauche einen Befehl nicht auszuführen, der „nicht im Sinne der Ausbildung" sei, so wurde diese Antwort als Beispiel für den nichtdienstlichen Befehl gewertet.

[22] Es wurde darauf hingewiesen, daß die Festnahme nur wegen des Anrempelns und nicht wegen der Trunkenheit erfolgte.

3. *Der Zivislisten-Fall*

Es ist Krieg. Nach tagelangen Kämpfen und großen Verlusten nimmt Ihre Kp das Dorf ein. Zivilisten und Soldaten des Feindes unterscheiden sich äußerlich nicht. Bei vorsichtigem und aufmerksamem Herannahen springen plötzlich aus einer Entfernung von 15—20 m aus einer Hütte ein paar Gestalten. Es sieht so aus, als hätten sie Gewehre. Der GrpFhr befiehlt Feuer[23].

4. *Der Fahnen-Fall*

Es werden feindliche Kampfhandlungen erwartet (Krieg). Um das Munitionslager nicht zu gefährden, befiehlt Ihnen der KpChef, eine Rotkreuzfahne dort anzubringen.

5. *Der Kabel-Fall*

In Gegenwart von anderen Kameraden bekommen Sie vom Zugführer den Befehl, sich zwecks Verlegung von Kabeln in ein Gelände auf dem Truppenübungsplatz zu begeben, auf dem sich möglicherweise noch Blindgänger (amerikanische Munition) befinden.

6. *Der Stuben-Fall*

Die Stube, auf der Sie liegen, ist schon mehrfach in besonders unordentlichem Zustand angetroffen worden. Der KpOffz warnt die Stube, falls keine Besserung eintrete, lasse er sie im Freien in Zelten übernachten. Die Stube fällt erneut auf, u. a. durch Mißbrauch der Gaspistole. Der KpOffz befiehlt Ihnen draußen zu schlafen. Sie sollen Zeltbahn und Matratzen mitnehmen und sich des Schlafsacks bedienen. Zelte sollen aber dabei nicht aufgestellt werden. Draußen ist es kalt und der Boden hart gefroren.

7. *Der Revierdienst-Fall*

Da Sie am Sonntag, zum Revierdienst eingeteilt, das Außenrevier nicht gesäubert haben, befiehlt Ihnen der KpChef als Erzieherische Maßnahme, in voller Kampfausrüstung — dem Blick ziviler Besucher ausgesetzt — das Kasernengelände von Papier, Apfelsinenschalen und anderem Unrat zu reinigen.

8. *Der Zugabteil-Fall*

Sie befinden sich im Zugabteil in Zivil auf der Rückfahrt zur Einheit. In demselben Abteil sitzt Ihr GrpFhr ebenfalls in Zivil. Sie sind angetrunken[24]. Sie lehnen sich zum Zugfenster hinaus und drohen hinauszustürzen. Ihr GrpFhr befiehlt Ihnen, das Fenster zu schließen.

9. *Der Feldjäger-Fall*

Sie wollen mit Ihrem im Kasernengelände abgestellten Pkw in den Wochenendurlaub fahren. Die Feldjägerstreife kontrolliert Ihr Kfz und stellt dabei fest, daß ein Reifen weniger als 1 mm Profil hat. Der Streifenführer erteilt Ihnen den Befehl, erst dann mit dem Pkw die Kaserne zu verlassen, wenn der abgefahrene Reifen ausgewechselt ist.

---

[23] Daß es sich bei den Gestalten tatsächlich um Zivilisten handelt, wurde in den Fall nicht aufgenommen.

[24] Also nicht stark betrunken.

10. *Der Tümpel-Fall*

Es ist Winter. Sie marschieren im Gelände im Zugrahmen. Der Zug geht vor einem kleinen, mit einer dünnen Eisschicht bedeckten Wassertümpel, der *quer* zur Marschrichtung liegt, auseinander, um dem Tümpel auszuweichen. Der ZgFhr, verärgert darüber, greift Sie heraus und befiehlt Ihnen als Maßregelung, den Tümpel *der Länge nach* zu durchwaten.

An jeden Fall schließt sich die Frage an: „Würden Sie den Befehl ausführen? Ja oder nein."

5 der 10 Fälle sind von deutschen Gerichten entschieden worden (Fall 5, 6, 7, 8, 10[25]. Fall 2 und 3 haben sich in ähnlicher Weise zugetragen. Fall 2 ist eng an das Illerunglück aus dem Jahre 1957 angelehnt. Fall 3 schildert eine Situation, wie sie sich zu Beginn des Massakers von My Lai abgespielt hat[26]. Fall 1 und 4 sind häufig wiederkehrende Lehrbuchbeispiele[27]. Sie haben aber den Vorteil, daß sie praxisnah sind. Fall 1 könnte sich jederzeit in ähnlicher Weise in der Bundeswehr ereignen. Fall 4 könnte im Kriegsfall sehr wohl praktiziert werden. Auch zeigt sich bei Beantwortung der Fälle 1 und 4, daß die befragten Soldaten die Situation als durchaus echt auffassen. Dies erkennt man an der Vielzahl der spontanen Antworten. Fall 9[28] trägt sich des öfteren freitags nach Dienstschluß in den Kasernen zu.

Wie aus Abbildung 1 ersichtlich ist, behandeln die Fälle 1 bis 3 die Problematik der Befehle, bei deren Ausführung der Untergebene möglicherweise ein Verbrechen oder Vergehen begehen könnte.

Die Fälle 5 bis 7 betreffen Befehle, die gegen die Menschenwürde verstoßen können und die Fälle 8 bis 10 Befehle, die möglicherweise zu nichtdienstlichen Zwecken erteilt wurden. Fall 4 ist ein Sonderfall aus dem Kriegsvölkerrecht. Man kann ihn aber im Einklang mit der h. M.[29], die der Auffassung ist, daß solche Befehle verweigert werden *müssen,* der ersten Gruppe zuordnen.

---

[25] Fall 5, BGH NJW 1958, 1463 ff., Fall 6, *Kohlhaas/Schwenck,* Rechtsprechung in Wehrstrafsachen, § 22 WStG (2), AG Stade, Urteil v. 9. 4. 64 — 9 Ms 26/64 —, Fall 7, *Kohlhaas/Schwenck,* a.a.O., § 22 WStG (4) — LG Tübingen, Urteil v. 13. 2. 1963 — I Nr. 30/63 —, Fall 8, RMG 1, 105 ff., Fall 10, RMG 22, 78 ff.

[26] In Time, The Weekly Magazine Dec 5, 1969 Vol 94, No 23, S. 20; danach schildert Charles A West, 23, ein Charlie Company Sergeant, die Situation wie folgt: „I was frustrated, same as the rest of the guys. On the way in, some individuals jumped out of a hedge 15 to 20 yards ahead of us. They had what we thought were guys. It was a surprise and we opened fire. When something like this happens, you don't stop to ask questions. Their ‚guns' turned out to be the traditional sticks that peasants use to carry belongings."

[27] Z. B. in *Dreher-Lackner-Schwalm,* WStG, § 2, Anm. 14 und 27, und *Arndt,* Grundriß, S. 79.

[28] Vgl. *Busch,* NZWehrr 1969, S. 56 ff.

[29] *Dreher-Lackner-Schwalm,* WStG, § 2 Anm. 27.

Abbildung 1

Die 10 Fälle und ihr möglicher Befehlsinhalt

	Fall-Nr.	Name des Falles
Verbrechen oder Vergehen	1	Torposten-Fall
	2	Gebirgsbach-Fall
	3	Zivilisten-Fall
	4	Fahnen-Fall
Verstoß gegen die Menschenwürde	5	Kabel-Fall
	6	Stuben-Fall
	7	Revierdienst-Fall
Nichtdienstlicher Zweck	8	Zugabteil-Fall
	9	Feldjäger-Fall
	10	Tümpel-Fall

Bei der Lösung der Fälle legt der Verfasser jeweils die h. M., soweit vorhanden, zugrunde. Hier sollen nur die Ergebnisse ohne nähere Begründung bzw. ohne Kritik mitgeteilt werden[30]. Danach müssen die Befehle in den Fällen 1 und 4 verweigert, in Fall 3 dagegen ausgeführt werden. Die Befehle in Fall 5—7 brauchen nicht ausgeführt zu werden, ebenso der Befehl in Fall 10. Dagegen müssen die Befehle in Fall 8 und 9 ausgeführt werden. Fall 2 kann nach der h. M. nicht entschieden werden.

4. Die drei Stufen der Befragung

Die Beantwortung der 10 Fälle erfolgte auf drei verschiedene Arten. Auf Stufe 1 sollten die Soldaten die Fälle lediglich mit „Ja" oder „Nein" beantworten, auf Stufe 2 mit „Ja" oder „Nein" mit eigener Begründung, auf Stufe 3 mit „Ja" oder „Nein" mit vorgegebenen Antworten bzw. Begründungen.

Die beiden Wissensfragen sollten dagegen bei allen 314 Soldaten auf die gleiche Weise beantwortet werden.

[30] Dazu s. u. im 3. Teil, S. 70 f.

Abbildung 2

Die drei Stufen der Befragung mit ihrer Aufgliederung nach der Art der Beantwortung und dem Anteil der Vorgesetzten und Untergebenen

	Anzahl der befragten Vorgesetzten	Anzahl der befragten Untergebenen	Insgesamt
Ja oder Nein	11	37	48
Ja oder Nein mit eigener Begründung	25	127	152
Ja oder Nein mit vorgegeb. Begründung	15	99	114
Insgesamt	51	263	314

Auf der Stufe 1 wurde überprüft, ob die Reihenfolge der Fälle die Beantwortung beeinflußt. Dazu wurden bei einer Einheit zwei Abteilungen gebildet, die sich bei den wichtigsten sozialen Merkmalen weitgehend entsprachen. Abteilung A begann mit dem Torposten-Fall, Abteilung B mit dem Zugabteil-Fall, so daß der Torposten-Fall bei Abteilung B von der ersten an die vierte Stelle rückte.

Bei der Beantwortung ergaben sich indessen keine wesentlichen Unterschiede. Das erklärt sich wohl daraus, daß bei der jeweils stattfindenden Vorinformation die Soldaten durch einen Beispielsfall an die Materie herangeführt wurden[31]. Die Antworten der Stufe 2 wurden systematisch ausgewertet und bildeten das Gerüst für die Gestaltung des Fragebogens auf der dritten Stufe.

Auf der 3. Stufe liegt nun der Schwerpunkt der Untersuchung, wobei im Vordergrund die vorgegebenen Antworten stehen. Die 7 Ja- und 7 Nein-Antworten[32] sind bei den 10 Fällen weitgehend angeglichen. Nur einzelne Wörter sind notwendig verschieden, z. B. GrpFhr statt ZgFhr usw. Daher ist ausreichend, wenn hier ein vollständiger Fall mit Antworten vorgelegt wird.

[31] Ohne sie allerdings in einer bestimmten Richtung beeinflussen zu wollen.

[32] Die 14 Antworten erheben nicht den Anspruch auf Vollständigkeit.

5. Der Abdruck eines Musterbogens

Torposten-Fall

Sie sind als Torposten an der Wache eingeteilt. Vor dem Tor randalieren mehrere angetrunkene Soldaten, die heimkehren. Der OvD erscheint und fordert die Soldaten zur Ruhe auf. Es entsteht ein großes Durcheinander. Plötzlich wird der OvD von dem Soldaten A von hinten angerempelt. Der OvD meint, es sei der Soldat B gewesen, nimmt B fest und befiehlt Ihnen als Wachposten, B in die Arrestzelle zu sperren. Sie haben die ganze Zeit zugesehen, wissen, daß es nicht B, sondern A war. Sie weisen den OvD darauf hin. Der OvD besteht auf Ausführung des Befehles.

Würden Sie den Befehl ausführen?

Ja [33]
Nein

Wenn ja, warum?

1. Ich darf den Befehl laut Vorschrift ungestraft verweigern, ich führe ihn aber aus, weil ich sonst Unannehmlichkeiten mit dem OvD bekommen könnte.
2. Ich muß den Befehl laut Vorschrift ausführen, andernfalls könnte ich wegen Ungehorsams bestraft werden.
3. Ich weiß nicht genau, ob ich den Befehl laut Vorschrift ausführen muß oder nicht, ich führe ihn aus, auch wenn ein Unschuldiger festgenommen wird, weil ich möglicherweise wegen Ungehorsams bestraft werden könnte.
4. Ich muß den Befehl zwar laut Vorschrift verweigern, ich tue es aber nicht, weil ich sonst Unannehmlichkeiten mit dem OvD bekommen könnte.
5. Wenn es mir der OvD als mein Wachvorgesetzter befiehlt, gibt's keine andere Möglichkeit.
6. Es ist zwar ein Unschuldiger festgenommen worden, dafür trägt aber der OvD die Verantwortung, nicht ich. Mein Hinweis entlastet mich.
7. Wenn der OvD auf Ausführung besteht, wird alles schon in Ordnung sein.

Wenn nein, warum?

1. Ich darf zwar den Befehl laut Vorschrift ungestraft ausführen, ich verweigere ihn aber, weil ich eine Ungerechtigkeit vermeiden möchte.
2. Ich darf den Befehl laut Vorschrift nicht ausführen, andernfalls könnte ich wegen Freiheitsberaubung bestraft werden.

---

[33] Die Entscheidung über „Ja" und „Nein" mußte vorweg getroffen werden.

3. Ich weiß nicht genau, ob ich den Befehl laut Vorschrift ausführen muß oder nicht, ich verweigere ihn, weil ich die Festnahme eines Unschuldigen nicht verantworten kann, lieber nehme ich eine Bestrafung wegen Ungehorsams in Kauf.
4. Ich muß zwar den Befehl laut Vorschrift ausführen, ich tue es aber nicht, weil ich die Festnahme eines Unschuldigen verhindern möchte.
5. Wenn es mir der OvD befiehlt, so sagt das noch nicht, daß ich den Befehl ausführen muß.
6. Es ist ein Unschuldiger festgenommen worden, dafür trage ich die Verantwortung.
7. Wenn der OvD auf Ausführung besteht, so täuscht das nicht über die Ungerechtigkeit hinweg.

III. Die sozialen Merkmale der 314 Soldaten

Von den Befragten waren 83 % Mannschaften, 15 % Unteroffiziere und 2 % Offiziere. Die 7 Waffengattungen waren anteilsmäßig ungefähr gleich vertreten[34]. 47 % hatten noch keine 6 Monate Dienstzeit hinter sich gebracht, 13 % befanden sich im 3. oder 4. Ausbildungsquartal, 40 % hatten bereits mehr als 12 Monate abgeleistet. 85 % Ledige standen 15 % Verheirateten gegenüber. Unter den 314 Soldaten befanden sich 81 % Volksschüler, 14 % mit Mittlerer Reife und 5 % Abiturienten. Die Wehrpflichtigen machten 75 % aus, die Zeitsoldaten 23 % und die Berufssoldaten 2 %.

IV. Die Ergebnisse

1. Die Auswertung der Beantwortung von Frage 1 und 2

Jeder Soldat erhält in den ersten 3 Monaten seiner Dienstzeit bei der Bundeswehr Unterricht über das Thema „Befehl und Gehorsam“. Im Rahmen dieses Unterrichts werden die Soldaten auf die Fälle der unverbindlichen Befehle hingewiesen, insbesondere im Zusammenhang mit § 11 SG. An Hand von Standardbeispielen wird der Gesetzestext erläutert. Aufgrund dieser Tatsache erscheint es für zulässig, bei der Auswertung davon auszugehen, daß jeder befragte Soldat mit dem Thema vertraut zu sein hat[35].

---

[34] Nur die Panzertruppe war geringer vertreten. Sie wurde beim Vergleich der einzelnen Waffengattungen deshalb nicht berücksichtigt.

[35] Selbst die befragten Rekruten hatten diesen Unterricht schon erhalten.

a) Beantwortung der Frage 1 (Gibt es Ihrer Meinung nach Befehle, die Sie nicht ausführen dürfen?)

Tabelle 1

Aufgliederung nach der Dienststellung

	Ja, insgesamt		Nein bzw. Weiß nicht	N b)
	Ja, Verbrechen a)	Ja		
Vorgesetzter	75 %	18 %	7 %	51
Untergebener	41 %	37 %	22 %	261
Insgesamt	46 %	34 %	20 %	312

p = 0,1 % c)

a) „Ja, Verbrechen" ist die Abkürzung für die Antwort: „Ja, Befehle, die ein Verbrechen oder Vergehen beinhalten."

b) N ist die Anzahl der Fälle, die als Bezugspunkt für die Prozentzahlen dient.

c) Vorgesetzte und Untergebene weisen verschiedene Antworthäufigkeiten auf. Damit ist aber noch nicht erwiesen, daß tatsächlich eine Abhängigkeit zwischen Dienststellung und Beantwortung besteht. Die unterschiedliche Beantwortung kann auch rein zufällig sein. Sollte letzteres der Fall sein, haben die Ergebnisse keinen statistischen Aussagewert. Um die Brauchbarkeit der Ergebnisse festzustellen, ist eine Signifikanzberechnung erforderlich (Über die Berechnungsmethode vgl. insbesondere *Neurath* im Handbuch für empirische Sozialforschung Bd. 1, S. 273 f.; *Fröhlich*, S. 58 ff.; *Haseloff/Hoffmann*, S. 156). Es muß das Signifikanzniveau (= p in %) errechnet werden. Dabei ist p die Wahrscheinlichkeit, daß die Konstellation zufällig eintritt. Mit dem Signifikanzniveau wird die Grenze festgelegt, an der man den Zusammenhang entweder zufällig oder aber nicht zufällig bestimmt. Bei einem Signifikanzniveau p = 20 % (Die Festlegung des Niveaus ist zwar dem Forscher überlassen. Die Grenze p = 20 % hat sich aber eingebürgert.) würde in diesem Fall der Zusammenhang als nicht zufällig bestimmt (statistischer Zusammenhang zwischen den Variablen). Alles war größer als 20 % ist, wird als zufällig bezeichnet. Das Signifikanzniveau von 0,1 % in der Tabelle 1 besagt, daß die verschiedene Beantwortung durch Untergebene und Vorgesetzte mit großer Wahrscheinlichkeit ($^{999}/_{1000}$) nicht zufällig ist, daß die Beantwortung also vom Dienstgrad abhängig ist.

93 %[36] der Vorgesetzten wissen, daß es Befehle gibt, die man nicht ausführen darf, dagegen wissen dies nur 78 % der Untergebenen. Daß es sich hierbei um verbrecherische Befehle handelt, wissen 75 % der Vorgesetzten und 41 % der Untergebenen. Dieses unterschiedliche Wissen läßt sich auf folgende Tatsache zurückführen: Derjenige, der Vorgesetzter werden will, durchläuft mindestens einen Lehrgang mehr als der Wehrpflichtige bei normalem Dienst. Auf dem zusätzlichen Lehrgang bekommt der künftige Vorgesetzte noch einmal Unterricht über die Themen aus dem Wehrstrafrecht und aus dem Soldatengesetz. Der Wehrpflichtige hört das Thema in der Regel nur einmal in seiner ganzen Dienstzeit und das während der ersten 3 Monate[37].

[36] Also die „Ja, insgesamt"-Antworten.

[37] Vgl. S. 45.

Der Prozentsatz der Ja-Antworten ist gerade noch vertretbar. Dagegen stimmt das Ergebnis bezüglich der Kenntnis verbrecherischer Befehle bedenklich. Wenn nur 41 % der Untergebenen eine so wichtige Vorschrift kennen, so ist das unzulänglich. Fast 60 % der Untergebenen scheiden also für den oben beschriebenen[38] Weg, bei dem Kenntnis der Vorschrift zum rechtmäßigen Handeln führt, von vornherein aus.

Besonders aufschlußreich ist die Anzahl der „Nein"- bzw. „Weiß nicht"-Antworten. Bei den Untergebenen sind es 22 %, bei den Vorgesetzten immerhin 7 %, insgesamt also 20 %, die glauben, man müsse jeden Befehl ausführen, oder die keine Trennung der Befehle vornehmen können. Diese Ergebnisse widerlegen die Behauptung von Schwaiger[39], die Belehrung des Untergebenen sei heute so *intensiv*, daß

Tabelle 2

Beantwortung der Frage 1 durch die Mannschaften der einzelnen Waffengattungen[a),b)]

	Ja, insgesamt		Nein bzw. Weiß nicht	N
	Ja, Verbrechen	Ja		
PzGren	25 %	61 %	14 %	36
Luftlandetruppe	26 %	26 %	49 %	35
Artillerie I[c)]	46 %	30 %	24 %	54
Technische Truppe	50 %	39 %	11 %	38
FmTruppe	51 %	32 %	16 %	37
Artillerie II[c)]	53 %	34 %	13 %	47
Insgesamt	43 %	36 %	21 %	247

$p = 1{,}0\,\%$

a) Die Aufgliederung der Beantwortung der Fragen nach der vorliegenden Einteilung in Waffengattungen wurde hier und im folgenden aufgrund ihrer geringen Zahl bei den Vorgesetzten vernachlässigt.

b) Sämtliche Tabellen, die nicht die Aufgliederung in Vorgesetzte und Untergebene enthalten, beziehen sich auf die Mannschaften.

c) Bei der Artillerie I handelt es sich um eine Panzer-Artillerie-Einheit mit der überwiegenden Anzahl von Soldaten, die bereits mehr als 12 Monate gedient haben. Die Artillerie II dagegen ist eine Einheit der sog. Spezial-Grundausbildung, also mit Soldaten im 2. Ausbildungsquartal.

[38] Vgl. S. 33.

[39] *Schwaiger*, Handeln auf Befehl, S. 85.

der Irrtum, sich bei einem verbrecherischen Befehl nicht anders verhalten zu können, kaum entschuldige, da es in der Regel „offensichtlich" sei, daß es keinen blinden Gehorsam hinsichtlich der Begehung von Verbrechen und Vergehen mehr gebe. Ebenso verliert hierdurch die Behauptung von Dreher[40] an Gewicht, im übrigen sei heute *weithin* bekannt, daß auch ein militärischer Befehl nicht schlechthin von Verantwortung befreie[41]. Auch die Hypothese von Schwenck[42], der Irrtum eines Untergebenen, trotz Kenntnis der Strafrechtswidrigkeit, dem Befehl gehorchen zu müssen, werde „angesichts der dem Soldaten *bekannten* klaren gesetzlichen Regelungen regelmäßig vorwerfbar sein", ist widerlegt (Hervorhebung vom Verfasser).

Die Kenntnis verbrecherischer Befehle als zwingender Weigerung schwankt von 25 % bis 53 %, der Prozentsatz der „Nein"- bzw. „Weiß nicht"-Antworten von 11 % bis 49 %. Der Grund für derartig starke Abweichungen dürfte die unterschiedliche Ausbildung sein. Dabei ist in erster Linie an die unterschiedliche Gestaltung des Unterrichts zu denken. Das Thema wird zwar erörtert, vielleicht aber zu oberflächlich oder nicht lang genug, weil z. B. die unterrichtenden Vorgesetzen es für nicht besonders wichtig halten.

Ein direkter Vergleich der Fernmeldetruppe mit den Fallschirmjägern zeigt die großen Unterschiede auf:

Tabelle 3

Beantwortung der Frage 1 durch die Mannschaften der FmTruppe und der Luftlandetruppe

	Ja, insgesamt		Nein bzw. Weiß nicht	N
	Ja, Verbrechen	Ja		
Luftlandetruppe	26 %	26 %	49 %	35
FmTruppe	51 %	32 %	16 %	37
Insgesamt	39 %	29 %	32 %	72

p = 5,0 %

Die Mehrzahl der Soldaten hatte bereits eine Dienstzeit von mehr als 12 Monaten hinter sich. Der zeitliche Abstand zum Erstunterricht war also ungefähr gleich. Trotzdem ergaben sich große Unterschiede

[40] In *Dreher-Lackner-Schwalm*, WStG, § 5 Anm. 8.
[41] Zum Problem der entlastenden Wirkung eines Befehls siehe S. 60 ff.
[42] *Schwenck* in *Kohlhaas/Schwenck*, Rechtspr., § 5 WStG 2/8.

in der Beantwortung. Fast 50 % der Fallschirmjäger sind der Auffassung, daß es keine Befehle gibt, die sie nicht ausführen dürfen, dagegen nur 16 % bei den Fernmeldern.

Ähnliche Abweichungen sind bei einem Vergleich der Fallschirmjäger mit den Panzergrenadieren zu erkennen (52 % gegenüber 86 % bei den „Ja-Sagern"). Für letztere unterschiedliche Beantwortung ist nicht so sehr die Waffengattung entscheidend, sondern vielmehr die abgeleistete Dienstzeit. Waren die Mehrzahl der befragten Fallschirmjäger Soldaten mit einer abgeleisteten Dienstzeit von mehr als 12 Monaten, so hatten die Panzergrenadiere in der Regel noch keine 6 Monate hinter sich gebracht. Daß sich aber die Dauer der bereits abgeleisteten Dienstzeit auf die Kenntnis der einschlägigen Vorschriften auswirkt, zeigt Tabelle 4:

Tabelle 4

Beantwortung der Frage 1 durch die Mannschaften aufgegliedert nach der abgeleisteten Dienstzeit

	Ja, insgesamt		Nein bzw. Weiß nicht	N
	Ja, Verbrechen	Ja		
unter 6 Monate	46 %	40 %	14 %	144
6 bis unter 12	43 %	33 %	24 %	42
12 und mehr	31 %	32 %	37 %	75
Insgesamt	41 %	37 %	22 %	261

p = 1,0 %

Diese Tabelle veranschaulicht, wie mit zunehmender Dienstzeit das Wissen abnimmt. Wußten 46 % der Soldaten mit einer Dienstzeit von unter 6 Monaten, daß es verbrecherische Befehle sind, die nicht ausgeführt werden dürfen, so sind es bei denen, mit einer Dienstzeit von 6 bis unter 12 Monaten nur noch 43 %. Bei Soldaten mit abgeleistetem Wehrdienst von über 12 Monaten beantworteten die Frage nur noch 31 % genau.

Noch klarer ist das Bild bei den „Nein"- bzw. „Weiß nicht"-Antworten. Dort beginnt es bei 14 % und endet bei Soldaten mit über 12 Monaten abgeleisteter Dienstzeit bei 37 %. Abnehmendes Wissen mit zunehmender Dienstzeit bei Mannschaften klingt zunächst eigenartig. Normalerweise wird man vermuten, daß mit zunehmender Dienstzeit sich das Wissen vermehrt. Dabei würde aber die eingangs erwähnte Tatsache[43] übersehen. Wenn die Soldaten diese Themen nur einmal während ihrer gesamten Dienstzeit im 1. Quartal hören, dann ist es nur verständlich, daß das Wissen abnimmt.

b) Beantwortung der Frage 2 (Gibt es Ihrer Meinung nach Befehle, die Sie nicht auszuführen brauchen?)

Tabelle 5

Beantwortung der Frage 2 durch Vorgesetzte und Untergebene bezogen auf die Menschenwürde

	Ja, insgesamt		Nein bzw. Weiß nicht	N
	Ja, Menschenwürde	Ja		
Vorgesetzter	78 %	20 %	2 %	51
Untergebener	48 %	36 %	16 %	263
Insgesamt	53 %	33 %	14 %	314

p = 0,1 %

Der Problemkreis der Menschenwürde ist den Soldaten besser bekannt als der des verbrecherischen Befehles. 98 % der Vorgesetzten wissen, daß es Befehle gibt, die man nicht auszuführen braucht, 84 % der Untergebenen. Daß darunter die Befehle fallen, die gegen die Menschenwürde verstoßen, wissen 78 % der Vorgesetzten und 48 % der Untergebenen[44]. Dieses Ergebnis überrascht. Obwohl für den Soldaten die Regelung des § 5 WStG wesentlich gefährlicher ist, weil er wegen des zu begehenden Deliktes bestraft werden kann, ist ihm diese Vorschrift weniger bekannt. Der Wichtigkeit nach müßte es eigentlich genau umgekehrt sein.

Die Mannschaften der einzelnen Waffengattungen weichen in der Beantwortung stark voneinander ab. Sind es bei den Fallschirmjägern 17 %, die wissen, daß menschenunwürdige Befehle nicht ausgeführt zu werden brauchen, so sind es 68 % der Artilleristen (jeweils der niedrigste bzw. höchste Prozentsatz).

---

[43] Vgl. S. 45.

[44] Für die Differenz der Antworthäufigkeiten zwischen Vorgesetzten und Untergebenen gilt das eingangs Erwähnte, vgl. S. 46.

Tabelle 6

Beantwortung der Frage 2, bezogen auf die Menschenwürde, aufgegliedert nach Wehrpflichtigen und Zeitsoldaten unter den Mannschaften[a)]

	Ja, insgesamt		Nein bzw. Weiß nicht	N
	Ja, Menschenwürde	Ja		
Wehrpflichtiger	45 %	37 %	18 %	219
Zeitsoldat	61 %	32 %	7 %	44
Insgesamt	48 %	36 %	16 %	263

p = 20 %

a) Unter den Mannschaften befanden sich keine Berufssoldaten, daher wurden bei der Einteilung nach dem Status alle Mannschaften erfaßt.

Auffällig ist die bessere Kenntnis der Zeitsoldaten. 61 % der Zeitsoldaten wissen, daß Befehle, die gegen die Menschenwürde verstoßen, nicht ausgeführt zu werden brauchen, dagegen wissen dies nur 45 % der Wehrpflichtigen. Der Grund dafür liegt vielleicht darin, daß die Zeitsoldaten beim Unterricht besser aufpassen, weil sie länger zu dienen haben. Das wäre bemerkenswert, da des öfteren behauptet wird, hinsichtlich der Einstellung zum Dienst bestehe zwischen Wehrpflichtigen und Zeitsoldaten kein Unterschied[45].

Tabelle 7

Beantwortung der Frage 2 durch Vorgesetzte und Untergebene bezogen auf den nichtdienstlichen Zweck

	Ja, insgesamt		Nein bzw. Weiß nicht	N
	Ja, zu nichtdienstlichen Zwecken	Ja		
Vorgesetzter	63 %	35 %	2 %	51
Untergebener	33 %	51 %	16 %	263
Insgesamt	38 %	48 %	14 %	314

p = 0,1 %

[45] Vgl. *Moskos*, S. 204.

Hier interessieren nur die Antworten, die den nichtdienstlichen Befehl als Befehl erkannten, der nicht ausgeführt zu werden braucht[46]. Das sind 33 % der Untergebenen und 63 % der Vorgesetzten[47].

Schwer zu erklären ist die unterschiedliche Kenntnis der Befehle, die gegen die Menschenwürde verstoßen, einerseits, und der Befehle, die zu nichtdienstlichen Zwecken erteilt wurden, andererseits. Der erste Problemkreis ist den Soldaten besser bekannt. Das kann daran liegen, daß die Menschenwürde einen Bereich betrifft, bei dem der Soldat die Möglichkeit hat, einen Bezugspunkt in sich selbst zu finden. Es spielt stark die eigene Empfindung herein. Dagegen ist der Bereich der nichtdienstlichen Befehle für den einzelnen Soldaten schwer faßbar. Hier ist die Definition des nichtdienstlichen Befehles[48] entscheidend, das eigene Empfinden ist zurückgedrängt. Auch braucht ein Befehl zu nichtdienstlichen Zwecken nicht unbedingt gegen das Gerechtigkeitsempfinden zu verstoßen.

Bei Frage 2 bei menschenunwürdigen und nichtdienstlichen Befehlen läßt sich ein Zusammenhang zwischen abgeleisteter Dienstzeit und Wissen nicht nachweisen.

Von den übrigen sozialen Merkmalen der Mannschaften sind insbesondere die Stellung im Zivilberuf und die Vorbildung erwähnenswert. Die Angestellten verfügen bei Frage 1 und 2 durchweg über besseres Wissen als die Arbeiter. Außerdem läßt sich ein enger Zusammenhang zwischen Beantwortung und Vorbildung nachweisen. Die Kenntnis der Soldaten mit Abitur und Mittlerer Reife war erheblich besser als die der Volksschüler. Lag der Prozentsatz der Volksschüler bei den „Nein"- bzw. „Weiß nicht"-Antworten bei der Frage 2 um die 20 %, so fand sich unter den Abiturienten und Mittelschülern kein einziger, der diese Antwort wählte (auf den Abdruck dieser Tabelle wurde verzichtet).

Hieraus ergeben sich praktische Konsequenzen für die Gestaltung des Unterrichts. Der Unterricht muß so gehalten werden, daß sich auch Soldaten mit einer niedrigen Bildungsstufe die Regelung einprägen können.

Die Ergebnisse zeigen, daß der Mechanismus Kenntnis → gesetzmäßiges Verhalten nicht sehr häufig auftreten kann, da es bereits bei vielen Soldaten an der notwendigen *Kenntnis fehlt*.

---

[46] Da die Anzahl der Ja-Antworten bereits in der Tabelle 5 angeführt ist.

[47] Vgl. Anm. 44.

[48] Vgl. S. 20.

2. Die Auswertung der Beantwortung der 10 Fälle

Die Fragen 1 und 2 als konkrete Wissensfragen konnten das aktuelle Wissen der Soldaten relativ genau feststellen. Die Beantwortung der 10 Fälle ist dagegen viel kritischer zu bewerten, weil sie ein vorgestelltes Verhalten beinhalten. Schlüsse aufgrund dieser Antworten hinsichtlich des wirklichen Verhaltens können zweifelhaft sein. So schreibt auch ein Soldat am Ende seines Fragebogens: „Bei allen Neins weiß ich nicht, ob ich in Wirklichkeit nicht vielleicht doch umfallen würde, wenn ich entsprechend bearbeitet würde."

Andererseits könnten sich die gewählten Beispiele bis auf Fall 3 und 4, denen eine Kriegssituation zugrunde liegt, jederzeit ereignen. Viele Soldaten haben diese und ähnliche Befehlssituationen schon öfters erlebt. Sie wissen von früheren Fällen, wie sie sich verhalten würden. Die Mehrzahl der Befragten wird also auf Erfahrungen zurückgreifen können. Das führt zu der berechtigten Hoffnung, daß die bei den Antworten gewählte Handlungsweise von der wirklichen nicht so sehr abweicht.

a) Beantwortung des Falles 1 (Torposten-Fall)

Tabelle 8

Aufgliederung nach der Dienststellung

	Ja	Nein	N
Vorgesetzter	90 %	10 %	50
Untergebener	84 %	16 %	261
Insgesamt	85 %	15 %	311

p größer als 20 % [a]

a) Also nicht signifikant auf dem Niveau von 20 %, d. h. die Differenz bei den Anthäufigkeiten von Untergebenen und Vorgesetzten kann rein zufällig sein.

Hier besteht zwar kein statistischer Zusammenhang zwischen der Dienststellung und der Beantwortung, auffällig ist aber die hohe Ausführungsquote. 84 % der Untergebenen würden den Befehl ausführen, bei den Vorgesetzten sind es sogar 90 %. Bei den Mannschaften der einzelnen Waffengattungen schwankt die Ausführungsquote von 70 % bis 93 %. Volksschüler waren um 12 % ausführungsfreudiger als Mittelschüler und Abiturienten (86 % gegenüber 74 %).

Auf Stufe 3[49] wählten 64 von 99 Mannschaften die Begründung: „Es ist zwar ein Unschuldiger festgenommen worden, dafür trägt aber der OvD die Verantwortung, nicht ich. Mein Hinweis entlastet mich.“ (80 % der Ja-Antworten). 7 sehen keine andere Möglichkeit als die Ausführung, da der OvD als ihr Wachvorgesetzter diesen Befehl erteilt hat. Daß die Dienststellung des OvD als Wachvorgesetzter bei vielen für die Ausführung ausschlaggebend ist, zeigen die zahlreichen Antworten wie: „Ich muß ihn ausführen, weil der OvD Wachvorgesetzter ist und man alle Befehle von ihm ausführen muß.“ Nur wenige lassen sich aus Angst vor Unannehmlichkeiten zur Ausführung bestimmen, wie dies plastisch in der Antwort eines Soldaten zum Ausdruck kommt: „Ich führe ihn aus, sonst kommt nachher der große Hammer, weil ich als Mannschaft nichts zu melden haben.“

Immerhin 16 würden lieber eine Bestrafung wegen Ungehorsams auf sich nehmen, als einen Unschuldigen festzunehmen. Nur 4 wählen die Antwort: „Ich darf den Befehl lt. Vorschrift nicht ausführen, andernfalls könnte ich wegen Freiheitsberaubung bestraft werden.“ Dies ist die Modellantwort des Gesetzgebers, nach der die Kenntnis[50] von der auf Befehl zu begehenden Straftat zur Weigerung führt. Daß diese Antwort so selten gewählt wurde, liegt vielleicht an dem Begriff „Freiheitsberaubung“. Unter Freiheitsberaubung verstehen viele, wie die Diskussionen ergaben, einen wesentlich stärkeren Eingriff, auf jeden Fall nicht eine nur vorläufige Festnahme[51]. Vielleicht mag dies die Antwort verdeutlichen: „Ich würde ihn festnehmen, da ihm durch den vorläufigen Arrest kein großer Schaden entsteht.“

Aus Tabelle 8 geht nicht hervor, ob die „Ja-Sager“ bzw. die „Nein-Sager“ die entsprechende Vorschrift (§ 5 WStG bzw. § 11 Abs. 2 Satz 1 SG) kennen oder nicht kennen. Das soll durch die folgende Korrelation von Wissen oder Handlungsweise festgestellt werden (vgl. Tabelle 9, S. 55).

Aus Tabelle 1 (S. 46) geht hervor, daß 37 % der Untergebenen wußten, daß es Befehle gibt, die man nicht ausführen darf. Daß Befehle, die ein Verbrechen oder Vergehen beinhalten, verweigert werden müssen, wußten 41 %; 22 % beantworteten Frage 1 mit „Weiß nicht“ bzw. „Nein“. Aus Tabelle 8 (S. 53) läßt sich entnehmen, daß im Torposten-Fall 84 % der Untergebenen den Befehl ausführen, dagegen 16 % ihn verweigern würden. Tabelle 9 korreliert die Ergebnisse von Tabelle 1 und 8, so daß z. B. feststeht, wieviel Prozent von den „Ja-Sagern“ in Frage 1 den Befehl ausführen würden (hier: 86 %). Es läßt sich folgende Tendenz feststellen:

---

[49] Vgl. S. 43.

[50] Vgl. S. 33.

[51] Hier beeinflußt das Begriffsverständnis die Handlungsweise; das Begriffsverständnis ist hier also nicht als ein Sprachphänomen an sich, sondern im Hinblick auf eine konkrete Handlungsweise zu sehen.

Tabelle 9

Korrelation der Frage 1 mit der Beantwortung des Falles 1 bei den Mannschaften

	Ja	Nein	N
Ja, Verbrechen	88 %	12 %	106
Ja	86 %	14 %	95
Nein bzw. Weiß nicht	72 %	28 %	58
Insgesamt	84 %	16 %	259

p = 10 %

Mit abnehmendem Wissen wird die Ausführungsquote kleiner. Sind es 88 % bei denen, die die Frage 1 mit „Ja, Verbrechen" beantworten, die also wissen, daß es die Befehle, die ein Verbrechen oder Vergehen beinhalten, sind, die verweigert werden müssen, so sind es bei den „Nein-Sagern" nur noch 72 %, die den Befehl ausführen würden.

Diese Tendenz läßt vermuten, daß in einem rechtlich so schwierigen Fall die Kenntnis der Regelung das endgültige Verhalten kaum positiv[52] zu beeinflussen vermag, daß vielmehr eher das Gegenteil bewirkt wird. Denn diejenigen, die die Vorschrift nicht kennen, brauchen sich nicht krampfhaft um die gesetzliche Lösung zu bemühen, sondern können ihrem Gerechtigkeitsgefühl entsprechend handeln.

b) Beantwortung des Falles 2 (Gebirgsbach-Fall)

Tabelle 10

Aufgliederung nach der Dienststellung

	Ja	Nein	N
Vorgesetzter	50 %	50 %	50
Untergebener	31 %	69 %	260
Insgesamt	34 %	66 %	310

p = 2,0 %

[52] Im Sinne normgemäßen Verhaltens.

50 % der Vorgesetzten würden den Befehl ausführen, dagegen nur 31 % der Untergebenen. Diese Differenz ist vielleicht darauf zurückzuführen, daß der Vorgesetzte eher als der Untergebene den KpChef zu verstehen versucht, indem er nach einer Begründung für den Befehl sucht. Außerdem wird er aufgrund seiner größeren Erfahrung in der Lage sein, die Gefahr besser zu umgehen, wenn eine solche Möglichkeit besteht.

Interessant in diesem Zusammenhang ist die Tatsache, daß die Mannschaften der Fallschirmjäger die niedrigste Ausführungsquote haben. Nur 20 % der Fallschirmjäger würden diesen Befehl ausführen, gegenüber 46 % der Fernmelder. Vielleicht mag das daran liegen, daß der Fall dem Iller-Unglück sehr ähnlich ist und dieses sich bei der Fallschirmjägertruppe zugetragen hat. Hier mag ein Lerneffekt eingetreten sein.

Besonders aufschlußreich sind die einzelnen Begründungen für die bestimmte Handlungsweise auf Stufe 3[53]. Von 99 befragten Mannschaften wählen 20 die Begründung für ihre Ausführung: „Es wird zwar das Leben meiner Kameraden gefährdet, dafür trägt aber der KpChef die Verantwortung, nicht ich. Mein Hinweis entlastet mich." Sie erkennen also die Gefährlichkeit. Diese schreckt sie nicht von der Ausführung ab, weil sie glauben, die Verantwortung auf den Befehlsgeber abschieben zu können. Demgegenüber würden sich ebenfalls 20 genau umgekehrt verhalten, indem sie ihre Weigerung begründen: „Es wird zwar das Leben meiner Kameraden gefährdet, dafür trage ich die Verantwortung." 18 wissen nicht genau, ob sie den Befehl lt. Vorschrift ausführen müssen oder nicht. Sie würden ihn aber verweigern, weil sie die Gefährdung ihrer Kameraden nicht verantworten können. Lieber würden sie eine Bestrafung wegen Ungehorsams in Kauf nehmen. 10 wählen als Begründung für ihre Weigerung, daß sie den Befehl lt. Vorschrift nicht ausführen dürften, da sie andernfalls wegen fahrlässiger Tötung bestraft werden könnten. Weitere 9 glauben, den Befehl zwar ausführen zu müssen, würden es aber nicht tun, weil sie die Gefährdung ihrer Kameraden verhindern möchten. Den bei dieser Entscheidung entstehenden Konflikt veranschaulichen insbesondere die Antworten: „Lieber gehe ich in den Knast, als mein Leben herzugeben und die Gruppe obendrein noch" oder „Eine Befehlsverweigerung ist für mich nicht so schlimm wie Menschenleben auf dem Gewissen."

Hier seien noch einige offene Begründungen angeführt. Zur Begründung der Ausführung schreiben Soldaten: „Befehl ist Befehl" oder „Ich habe mich in meinem abgelegten Gelöbnis dazu verpflichtet" oder

---

[53] Also bei den vorgegebenen Antworten.

„Gegen den Befehl können wir nichts ausrichten“ oder „Ich kann mich höchstens später beschweren“. All diesen Antworten ist die Ausweglosigkeit gemeinsam. Sie glauben, nicht anders handeln zu können. Auffällig ist, daß der Mehrzahl dieser Soldaten die Vorschrift, Weigerungszwang bei Befehlen, die ein Verbrechen oder Vergehen beinhalten, unbekannt ist[54].

Die Begründungen zeigen, wie die Soldaten in der Befehlssituation durch Unkenntnis belastet werden können. Wollen sie den Befehl verweigern, müssen sie mit einer Bestrafung wegen Ungehorsams rechnen, eben weil sie nicht wissen, daß sie vielleicht straffrei ausgehen können. Die Abwägung zwischen Begehung einer Straftat bei Ausführung und Bestrafung wegen Ungehorsams im Falle der Weigerung fällt entsprechend schwer. Nicht jeder Untergebene entscheidet sich für die Weigerung, wie die Antworten ergeben, um Unrecht zu verhindern und nimmt somit eine Bestrafung wegen Ungehorsams in Kauf. Dazu gehören ganz bestimmte menschliche Qualitäten, die nicht jeder hat.

c) Beantwortung des Falles 3 (Zivilisten-Fall)

Tabelle 11

Aufgliederung nach der Dienststellung

	Ja	Nein	N
Vorgesetzter	92 %	8 %	49
Untergebener	82 %	18 %	255
Insgesamt	84 %	16 %	304

p = 20 %

Die hohe Anzahl der Ausführenden ist hier nicht verwunderlich. In dieser Situation setzt bei der Mehrzahl das Denken an evtl. Vorschriften aus. Allein entscheidend ist das eigene Überleben: „Du oder ich“ oder „Mein Leben ist mir wichtiger“. Nur selten trifft man als Begründung für die Weigerung die Antwort an: „Trotz Krieg bin ich kein Mörder.“

Bedenklich stimmen allerdings die Antworten von 25 der 99 Mannschaften auf Stufe 3: „Es könnten zwar Zivilisten sein, dafür trägt aber der GrpFhr die Verantwortung, nicht ich“ und die Antworten von weiteren 30: „Ich weiß nicht genau, ob ich den Befehl lt. Vorschrift

[54] Vgl. S. 46.

ausführen muß oder nicht, ich führe ihn aus, auch wenn es sich um Zivilisten handelt, weil ich selbst getroffen werden könnte." Beide Gruppen handeln auf die Gefahr hin, Zivilisten zu töten.

Die Mannschaften der einzelnen Waffengattungen antworten im wesentlichen gleich. Bei den Soldaten mit verschiedenen Berufen und verschiedener Vorbildung ergeben sich keinerlei Unterschiede. Auffallend ist, daß Mannschaften, die bereits mehr Wehrdienst abgeleistet haben, mit der Ausführung zurückhaltender sind.

Tabelle 12

Beantwortung des Falles 3 durch Mannschaften, aufgegliedert nach der abgeleisteten Dienstzeit

	Ja	Nein	N
unter 6 Monate	87 %	13 %	144
6 bis unter 12	84 %	16 %	38
12 und mehr	73 %	27 %	73
Insgesamt	85 %	15 %	255

p = 10 %

Die abnehmende Tendenz kann darauf zurückzuführen sein, daß der Soldat mit einer abgeleisteten Dienstzeit von mehr als 12 Monaten aufgrund seiner eigenen Erfahrung aus Übungen und Manövern eher in der Lage ist, kritisch zu urteilen. Er kann sich eine solche Situation besser vorstellen und ist deswegen zurückhaltender.

d) Beantwortung des Falles 4 (Fahnen-Fall)

Tabelle 13

Aufgliederung nach der Dienststellung

	Ja	Nein	N
Vorgesetzter	18 %	82 %	50
Untergebener	42 %	58 %	251
Insgesamt	38 %	62 %	301

p = 1,0 %

Als kriegsvölkerrechtswidriger Befehl muß der Befehl verweigert werden. Dennoch würden ihn 42 % der Untergebenen und 18 % der Vorgesetzten ausführen. Die Ausführungsquote der Untergebenen ist also um mehr als 20 % höher.

Hier liegt die Vermutung nahe, daß dieser Unterschied auf das unterschiedliche Wissen der Soldaten zurückzuführen ist, mit anderen Worten, daß hier *Kenntnis* und *normgemäßes Verhalten* eng miteinander verflochten sind. Dazu die Tabelle 14:

Tabelle 14

Die Korrelation der Frage 1 mit der Beantwortung des Falles 4 bei allen Befragten

	Ja	Nein	N
Ja, Verbrechen	28 %	72 %	142
Ja	44 %	56 %	100
Nein bzw. Weiß nicht	49 %	51 %	57
Insgesamt	37 %	63 %	299

p = 1,0 %

Tabelle 1 (S. 46) veranschaulicht, daß 34 % aller Befragten wußten, daß es Befehle gibt, die nicht ausgeführt werden dürfen. 46 % wußten, daß Befehle, die ein Verbrechen oder Vergehen beinhalten, verweigert werden müssen. Dagegen antworteten die restlichen 20 % auf die Frage 1 mit „Nein“ bzw. „Weiß nicht“. Tabelle 13 zeigt uns die Beantwortung des Falles 4 durch alle Befragten (38 % mit „Ja“, 63 % mit „Nein“). In Tabelle 14 sind nun die Ergebnisse der Frage 1 mit den Ergebnissen des Falles 4 korreliert.

Bei den „Nein-Sagern“ der Frage 1 ist die Ausführungsquote höher als bei den beiden anderen Kategorien. Mit abnehmendem Wissen steigt also die Zahl der falschen Antworten. Das liegt vor allem daran, daß hier das normgemäße Verhalten mehr als in allen anderen Fällen von der Kenntnis des Gesetzes, hier dem Genfer Abkommen, abhängt. Kennt jemand diese Regelung nicht, so wird er in der Regel die Ausführung wählen.

Große Abweichungen ergaben sich bei den Mannschaften der verschiedenen Waffengattungen. Bei der Artillerie II würden nur 28 % die Rotkreuzfahne zweckentfremdend verwenden, dagegen sind es bei den Fallschirmjägern 61 %. Volksschüler würden den Befehl zu 45 %

ausführen, dagegen Mittelschüler und Abiturienten zu 28 %. Bei der Befragung auf Stufe 3 wählen 35 der 99 Mannschaften die richtige Antwort: „Ich darf den Befehl lt. Vorschrift nicht ausführen, andernfalls würde ich durch die Ausführung gegen die Genfer Abkommen verstoßen." So führen auch bei den offenen Begründungen viele Soldaten die richtige Begründung an, z. B. Verstoß gegen Kriegsvölkerrecht oder Verstoß gegen die Genfer Abkommen. Andererseits häufen sich Antworten wie: „Das ist geschickte Täuschung" oder „Er dient ja zur Sicherung des eigenen Munitionslagers" oder „Der Feind macht es sicher auch so". Diese Antworten sind insofern bedenklich, als sie einmal zeigen, wie wenig der Sinn der Regelung der Genfer Abkommen trotz deren Kenntnis verstanden wird. Zum anderen wird klar, daß diesen Soldaten die Regelung weitgehend unbekannt ist. Vollends auf Mißbilligung muß die Antwort von 23 Soldaten stoßen: „Der Befehl verstößt zwar gegen die Genfer Abkommen, dafür trägt aber der KpChef die Verantwortung."

In allen 4 Fällen (Fall 1 bis 4) kommt letztere Antwort relativ häufig vor. Immer wieder finden sich Soldaten, die glauben, der Vorgesetzte trage wegen seiner Befehlserteilung für das Unrecht die Verantwortung, obwohl sie die mögliche Unrechtsbegehung erkennen. Diese Soldaten sind der Meinung, daß sie bei Erfolgseintritt wegen ihrer Ausführung nicht bestraft werden können. Dieses Phänomen veranlaßt dazu, auf den Begriff „Verantwortung" näher einzugehen.

Unter Verantwortung wird landläufig das „Einstehenmüssen für Fehler"[55] verstanden. Diese Definition umfaßt den Begriff der „Verantwortlichkeit", der dem juristischen Denken als Bezugspunkt für die Formulierung der Bedingungen, unter denen bei Normverstößen Folgerungen gegen den Verstoßenden gezogen werden können, dient[56]. Verantwortung im engeren Sinne wird dagegen als sozialer Prozeß der Informationsverarbeitung beschrieben, der zugleich der Absorption von Unsicherheit und der Bewußtseinsentlastung dient[57]. Der Inhalt dieser Definition wird insbesondere an den Befehlen, die tatsächlich oder rechtlich zweifelhaft sind, klar. Zweifel bzw. Unsicherheit kann der Vorgesetzte „absorbieren". Damit übernimmt er aber nicht gleichzeitig die Verantwortlichkeit. Die beim Untergebenen eingetretene Bewußtseinsentlastung entlastet diesen nicht in strafrechtlicher Hinsicht. Aber selbst wenn der Vorgesetzte die Verantwortlichkeit für einen Befehl trägt (vgl. § 10 Abs. 5 Satz 1 SG: „Er (der Vorgesetzte) trägt für seine Befehle die Verantwortung"), so heißt das noch nicht, daß damit die Verantwortlichkeit des Untergebenen ausgeschlossen wird. Letzteres will

[55] Vgl. *Luhmann*, S. 172.

[56] Vgl. *Luhmann*, a.a.O.

[57] *Luhmann*, S. 174.

aber offensichtlich die Mehrzahl der Befragten unter Verantwortung verstehen. Die Verantwortlichkeit des Vorgesetzten kann sehr wohl neben der Verantwortlichkeit des Untergebenen bestehen. Dieses Nebeneinander entsteht durch die Figur des unverbindlichen Befehls. Unverbindlichkeit wegen Begehung eines Verbrechens oder Vergehens bei Ausführung des Befehles bedeutet unter den Voraussetzungen des § 5 WStG Verantwortlichkeit des Untergebenen. Verbindlichkeit dagegen bedeutet Verantwortlichkeit des Vorgesetzten unter Ausschluß der Verantwortlichkeit des Untergebenen, da hier der Untergebene zu gehorchen hat. Diese Unterscheidung dem Soldaten klarzumachen, ist Aufgabe der Ausbildung[58].

e) Beantwortung des Falles 5 (Kabel-Fall)

Tabelle 15

Aufgliederung nach der Dienststellung

	Ja	Nein	N
Vorgesetzter	52 %	48 %	50
Untergebener	28 %	72 %	254
Insgesamt	32 %	68 %	304

p = 1,0 %

Der Befehl kann wegen Unzumutbarkeit verweigert werden. Von dieser Weigerung würden 72 % der Untergebenen, dagegen nur 40 % der Vorgesetzten Gebrauch machen. Bei dieser Differenz muß berücksichtigt werden, daß dieser Befehl von einem ZgFhr erteilt wurde. Deswegen sind hier die Vorgesetzten geneigt, den Befehl auszuführen[59],

[58] Dabei wird die Kenntnis dieser Unterscheidung nicht viel weiterhelfen. In einem sozialen System, wie dem Militär, das auf Befehl und Gehorsam ausgerichtet ist, ist der Regelfall Gehorsam. Dadurch entstehen gewisse Handlungszwänge, die dem Untergebenen die Verweigerung eines Befehles unerhört erschweren, wenn nicht sogar unmöglich machen. Weigerungszwang bei Befehlen ist also an sich etwas Systemwidriges (Vgl. dazu die allgemeinen Aussagen von *R. Mayntz*, Soziologie der Organisation, S. 66). Das eigentliche Problem ist hier nicht die Kenntnis des Weigerungszwanges, sondern die Unterbringung der vorgeschriebenen Handlungsweise, hier Weigerungszwang, in dem sozialen System der Bundeswehr. Vgl. dazu auch insbesondere S. 96 ff. im Text.

[59] Es ist sogar fraglich, ob nicht ein Vorgesetzter aufgrund seiner Kenntnisse den Befehl ausführen muß, weil seine Kenntnisse (evtl. Spezialkenntnisse im Minenräumen) ihm es u. U. ermöglichen, den Befehl ohne Gefährdung von Leib und Leben auszuführen.

eben weil ihn „einer von ihnen“ erteilt hat. Außerdem wird der Vorgesetzte aufgrund seiner Erfahrung sein Verhalten besser einrichten können, um der Gefahr auszuweichen.

30 der 99 Mannschaften würden den Befehl verweigern, weil sie in der Ausführung einen Verstoß gegen die Menschenwürde sehen. Dabei kommt ein Soldat der Begründung des BDH[60] sinngemäß sehr nahe: „Da es Friedenszeit ist, riskiere ich nicht mein Leben wegen eines dämlichen Kabels.“

21 würden den Befehl verweigern, weil sie trotz Zweifel darüber, ob sie den Befehl ausführen müssen oder nicht, ihr Leben nicht riskieren wollen. Lieber würden sie eine Bestrafung wegen Ungehorsams in Kauf nehmen. 13 glauben, sie müßten den Befehl ausführen, würden es aber nicht tun, um ihr Leben nicht zu gefährden. Auch sie nehmen eine Bestrafung in Kauf, sind also bei ihrer Entscheidung zusätzlich belastet, weil sie die rechtliche Regelung nicht kennen oder nicht richtig anwenden können, die ihnen die Möglichkeit der Weigerung in diesem Falle gibt.

Wehrpflichtige würden den Befehl zu 30 %, Zeitsoldaten zu 60 % ausführen[61]. Bei den einzelnen Waffengattungen zeigen sich keine Abweichungen. Hier hätte man zumindest bei der Fernmeldetruppe gegenüber den übrigen Waffengattungen eine Abweichung erwartet, da dieser Fall doch aus dem Aufgabenbereich der Fernmelder stammt.

Bei den Vorgesetzten war die Ausführungsquote höher als bei den Untergebenen. Dort wurde die Vermutung geäußert, es läge an der

Tabelle 16

Beantwortung des Falles 5 durch Mannschaften aufgegliedert nach der abgeleisteten Dienstzeit

	Ja	Nein	N
unter 6 Monate	20 %	80 %	142
6 bis unter 12	28 %	73 %	40
12 und mehr	43 %	57 %	72
Insgesamt	28 %	72 %	254

p = 1,0 %

[60] BDH NJW 1958, S. 1463 f.

[61] Vgl. S. 51.

größeren Erfahrung der Vorgesetzten aufgrund ihrer längeren, bereits abgeleisteten Dienstzeit. Diese Vermutung wird durch die Untersuchung der Mannschaften mit verschieden abgeleisteter Dienstzeit bestätigt.

Bei den Mannschaften mit über 12 Monaten abgeleisteter Dienstzeit würden 43 % den Befehl ausführen gegenüber 20 % bei denen mit einer abgeleisteten Dienstzeit von unter 6 Monaten.

f) Beantwortung des Falles 6 (Stuben-Fall)

Tabelle 17

Aufgliederung nach der Dienststellung

	Ja	Nein	N
Vorgesetzter	48 %	52 %	48
Untergebener	27 %	73 %	257
Insgesamt	30 %	70 %	305

$p = 1{,}0\ \%$

Da hier ein Verstoß gegen die Menschenwürde vorliegt, darf der Befehl verweigert werden. Von der Weigerung würden 73 % der Untergebenen und 52 % der Vorgesetzten Gebrauch machen.

64 der 99 befragten Mannschaften auf Stufe 3 gaben die Antwort: „Ich darf den Befehl lt. Vorschrift verweigern, weil er gegen die Menschenwürde verstößt." 8 wissen nicht genau, ob sie den Befehl lt. Vorschrift ausführen müssen oder nicht, würden ihn aber verweigern, weil sie ihre Menschenwürde verletzt sehen würden, lieber würden sie eine Bestrafung wegen Ungehorsams in Kauf nehmen. Ein Soldat, über den Befehl erbost, schreibt: „Über solche Befehle sollte man den Vorgesetzten direkt verschlagen." Viele Ausführende sind der Auffassung, daß der Vorgesetzte wegen der von ihnen nicht beachteten Warnung dazu berechtigt sei. Die Mannschaften der einzelnen Waffengattungen weichen in der Beantwortung nur geringfügig voneinander ab.

g) Beantwortung des Falles 7 (Revierdienst-Fall)

Die Beantwortung des Falles 7 durch Vorgesetzte und Untergebene ist im wesentlichen gleich[62]. Dagegen zeigen sich Unterschiede bei den Zeitsoldaten und Wehrpflichtigen der Mannschaften.

[62] Die Ausführungsquote lag bei ca. 50 %.

Tabelle 18

Beantwortung des Falles 7 durch Zeitsoldaten und Wehrpflichtige der Mannschaften

	Ja	Nein	N
Wehrpflichtiger	54 %	46 %	215
Zeitsoldat	34 %	66 %	44
Insgesamt	51 %	49 %	259

p = 5,0 %

Der Befehl als menschenunwürdiger Befehl kann verweigert werden. Dies tun 46 % der Wehrpflichtigen und 66 % der Zeitsoldaten.

Große Unterschiede in der Beantwortung ergaben sich bei den einzelnen Waffengattungen. Dazu Tabelle 19:

Tabelle 19

Beantwortung des Falles 7 aufgegliedert nach den verschiedenen Waffengattungen

	Ja	Nein	N
Artillerie II	32 %	68 %	47
PzGren	43 %	57 %	37
Artillerie I	47 %	53 %	53
FmTruppe	59 %	41 %	37
Luftlandetruppe	61 %	39 %	33
Technische Truppe	76 %	24 %	37
Insgesamt	52 %	48 %	244

p = 1,0 %

Hier sind Schwankungen von 32 % bis 76 % zu verzeichnen, die wohl auf die unterschiedliche Ausbildung zurückzuführen sind.

Auch Mannschaften mit verschieden abgeleisteter Dienstzeit weichen in der Beantwortung voneinander ab.

Tabelle 20

Beantwortung des Falles 7 durch Mannschaften aufgegliedert nach der Dienstzeit

	Ja	Nein	N
unter 6 Monate	46 %	54 %	144
6 bis unter 12	44 %	56 %	41
12 und mehr	65 %	35 %	74
Insgesamt	51 %	49 %	259

$p = 20{,}0\ \%$

Würden 46 % der Soldaten mit einer abgeleisteten Dienstzeit bis zu 6 Monaten den Befehl ausführen, so sind es 65 % bei denen, die schon mehr als 12 Monate gedient haben. Hier ist eine ähnliche Tendenz wie im Kabel-Fall zu beobachten. Mit zunehmend abgeleisteter Dienstzeit wird die Ausführungsquote höher.

19 der 99 Mannschaften auf Stufe 3 sind der Auffassung, hier läge ein verbindlicher Befehl vor, der ausgeführt werden müsse. In die gleiche Richtung geht die Antwort vieler, der KpChef sei zur Befehlserteilung berechtigt und deswegen müßten sie den Befehl ausführen. 16 glauben zu wissen, daß sie den Befehl verweigern dürfen, weil er gegen die Menschenwürde verstößt, und würden ihn auch deswegen verweigern. Weitere 20 haben Zweifel, ob sie ihn ausführen müssen oder nicht, würden ihn aber verweigern, weil sie sich in ihrer Menschenwürde verletzt fühlen und würden eine Bestrafung wegen Ungehorsams in Kauf nehmen. Schließlich wählen 11 die Ausführung, obwohl sie wissen, daß ein Verstoß gegen die Menschenwürde vorliegt. Sie ziehen einer Weigerung die nachträgliche Beschwerde vor. Mehrere führen den Befehl aus, um der Zivilbevölkerung zu zeigen, „wie man schikaniert wird“ oder mit der Begründung: „Der KpChef blamiert sich genauso, wie derjenige, der Papier auflesen muß.“

h) Beantwortung des Falles 8 (Zugabteil-Fall)

Tabelle 21

Aufgliederung nach der Dienststellung

	Ja	Nein	N
Vorgesetzter	84 %	16 %	49
Untergebener	61 %	39 %	251
Insgesamt	65 %	35 %	300

p = 1,0 %

Der Befehl muß ausgeführt werden, weil er zu dienstlichen Zwecken erteilt wurde, somit verbindlich ist. Danach würden sich 84 % der Vorgesetzten richtig verhalten, dagegen nur 61 % der Untergebenen. Das liegt daran, daß die Vorgesetzten die Vorschrift besser kennen. Das ergibt die Korrelation der Frage 2 bezogen auf den nichtdienstlichen Zweck mit der Beantwortung des Falles 8 bei allen Befragten:

Tabelle 22

Die Korrelation der Frage 2, bezogen auf den nichtdienstlichen Zweck, mit der Beantwortung des Falles 8 bei allen Befragten

	Ja	Nein	N
Ja, zu nichtdienstlichen Zwecken	68 %	32 %	114
Ja	67 %	33 %	147
Nein bzw. Weiß nicht	46 %	54 %	39
Insgesamt	64 %	35 %	300

p = 10,0 %

Während aus Tabelle 7 (S. 51) hervorgeht, daß 48 % aller Befragten wußten, daß es Befehle gibt, die man nicht auszuführen braucht, gegenüber 38 %, die wußten, daß Befehle, die zu nichtdienstlichen Zwecken erteilt wurden, verweigert werden dürfen und gegenüber 14 %, die mit „Nein“ bzw.

„Weiß nicht" antworteten, so gibt Tabelle 21 (S. 66) die Beantwortung des Falles 8 durch alle Befragten an. In Tabelle 22 interessiert, wie sich die verschiedenen Antwortgeber bei Frage 2 im Fall 8 verhalten würden.

Bei den „Nein-Sagern" sind es 46 %, die den Befehl ausführen würden, bei den beiden anderen Kategorien sind es ca. 20 % mehr. Diese Tabelle veranschaulicht den engen Zusammenhang zwischen Wissen und normgemäßem Verhalten.

Bei den Mannschaften der verschiedenen Waffengattungen ergeben sich große Unterschiede:

Tabelle 23

Die Beantwortung des Falles 8 durch Mannschaften der verschiedenen Waffengattungen

	Ja	Nein	N
Luftlandetruppe	27 %	73 %	33
Artillerie I	50 %	50 %	48
FmTruppe	54 %	46 %	37
Technische Truppe	66 %	34 %	35
Artillerie II	83 %	17 %	47
PzGren	84 %	16 %	37
Insgesamt	62 %	38 %	237

p = 0,1 %

Danach würden sich nur 27 % der Fallschirmjäger an die Vorschrift halten, dagegen 84 % der Panzergrenadiere. Fraglich ist, wie ein so starkes Mißverhältnis auftreten kann, daß eine Einheit weit über dem Durchschnitt, die andere weit darunter liegt. Die Beantwortung der Frage 2 bezogen auf den nichtdienstlichen Zweck[63] ist hier aufschlußreich. Nur 26 % der Fallschirmjäger wußten, daß es Befehle mit nichtdienstlichen Zwecken gibt, dagegen wußten dies 49 % der Panzergrenadiere. Hier liegt die Vermutung nahe, daß das mangelnde Wissen in der tatsächlichen Situation zur Weigerung führt[64]. Auch läßt sich

[63] Vom Abdruck dieser Tabelle wurde abgesehen.

[64] Bei den Fallschirmjägern deuten die Antworten darauf hin, daß diese zwar für einen harten Dienst zu haben sind, daß sie sich aber in der dienstfreien Zeit nicht hereinbefehlen lassen (Generell weist dies auf gruppen-

nachweisen, daß mit Abnehmen der Dienstzeit die Zahl der sich Weigernden steigt. Soldaten mit einer Dienstzeit von unter 6 Monaten führen zu 70 % den Befehl aus, dagegen nur noch 52 %, bei denen mit einer Dienstzeit von über 12 Monaten.

25 Mannschaften auf Stufe 3 treffen immerhin die richtige Antwort, nämlich, daß sie hier den Befehl ausführen müssen. 40 Mann führen den Befehl aus, weil sie nicht genau wissen, ob sie den Befehl ausführen müssen oder nicht, und um nicht möglicherweise Unannehmlichkeiten zu bekommen. Bei ihnen entscheidet letztlich die Angst vor Bestrafung. Dies drücken folgende Antworten besonders treffend aus: „Ich führe ihn aus, weil er (der Vorgesetzte) doch den längeren Arm hat und gegen diesen kommt man schlecht an“ oder „Es könnte sich im Dienst nachher bemerkbar machen.“

i) Beantwortung des Falles 9 (Feldjäger-Fall)

Bei den Vorgesetzten und Untergebenen ergaben sich bei der Beantwortung keine nennenswerten Unterschiede. Die Ausführungsquote bewegt sich bei beiden Kategorien um die 90 %. Ebenso sind bei den Mannschaften der einzelnen Waffengattungen und bei der verschieden abgeleisteten Dienstzeit keine wesentlichen Unterschiede in der Beantwortung zu verzeichnen. Fast 90 % der Befragten würden den Befehl also ausführen. Dafür sind zwei Gründe ausschlaggebend: Die Mehrzahl der „Ja-Sager“ hält den Befehl für rechtmäßig und führt ihn deswegen aus. Der Hauptgrund ist aber, daß der Befehl von einer Feldjägerstreife erteilt wurde. Das zeigt die Vielzahl der Antworten: „Feldjäger können auch in Zivil so etwas befehlen“ oder „Innerhalb der Kaserne sind die Feldjäger dafür zuständig“ oder „Feldjäger haben Polizeigewalt“ oder „Begründung nicht erforderlich“.

Der Befehl wird ziemlich kritiklos hingenommen. Die Feldjäger verkörpern durch ihre Stellung mehr Autorität als mancher andere Vorgesetzte. Besonders stark kommt dies in den von immerhin 15 der 99 Mannschaften auf Stufe 3 gewählten Antworten zum Ausdruck: „Wenn es mir der Streifenführer befiehlt, gibt’s keine andere Möglichkeit.“ Wie im Torposten-Fall[65], so zeigt sich auch hier das starke Gewicht einer bestimmten Stellung des Vorgesetzten. Dort war es der

---

spezifische Normen in den einzelnen Waffengattungen hin, die den Soldaten vermittelt und tagtäglich bestätigt werden, d. h. gelernt werden. Zu diesem Lernprozeß, direkt auf das Militär bezogen, näher *R. K. Merton*, Social Theory and Social Structure, S. 438 ff.). So taucht oft die Antwort auf: „In Zivil kann mir niemand was befehlen.“ Auch scheint hier die Existenz von § 1 Abs. 1 VorgV nicht bekannt zu sein, wonach der GrpFhr als unmittelbarer Vorgesetzter die allgemeine Befugnis hat, den ihm unterstellten Soldaten in *und* außer Dienst Befehle zu erteilen.

[65] Vgl. S. 53.

OvD, der bei vielen Soldaten eine Weigerungsmöglichkeit von vornherein ausscheiden ließ.

k) Beantwortung des Falles 10 (Tümpel-Fall)

Tabelle 24

Aufgliederung nach der Dienststellung

	Ja	Nein	N
Vorgesetzter	51 %	49 %	51
Untergebener	36 %	64 %	253
Insgesamt	38 %	62 %	304

p = 10,0 %

Die Vorgesetzten mit einer Ausführungsquote von 51 % liegen um 15 % höher als die Untergebenen. Auch hierfür wird der in Fall 2 erwähnte Grund ausschlaggebend sein[66]. Bei den übrigen sozialen Merkmalen ist nur noch der Familienstand bei den Mannschaften erwähnenswert. Verheiratete sind über 16 % ausführungsfreudiger als Ledige (50 % gegenüber 34 %). 19 der 99 Mannschaften auf Stufe 3 wählen die Antwort: „Ich muß zwar den Befehl lt. Vorschrift ausführen, ich tue es aber nicht, weil mir so etwas nicht zugemutet werden kann."

[66] Vgl. S. 56.

DRITTER TEIL

Die Lösung der 10 Fälle und Konsequenzen aus der Umfrage für die gesetzliche Regelung und für die Ausbildung

Erster Abschnitt

Befehle, die ein Verbrechen oder Vergehen beinhalten

I. Die rechtliche Lösung der Fälle

1. Der Torposten-Fall

Die Festnahme eines Unschuldigen auf Befehl eines Vorgesetzten durch einen Untergebenen, der genau weiß, daß der Festzunehmende unschuldig ist, ist ein viel diskutiertes Lehrbuchbeispiel[1]. Dabei interessiert vorrangig die strafrechtliche Beurteilung des Untergebenen bei Befehls*ausführung*. Diese Beurteilung ist von großer praktischer Bedeutung. Begeht der Untergebene bei Ausführung des Befehls eine mit Strafe bedrohte Handlung, die ein Verbrechen oder Vergehen beinhaltet, so ist der Befehl unverbindlich. Dann darf der Untergebene den Befehl nicht ausführen, d. h. er muß ihn verweigern. Handelt es sich aber nicht um eine mit Strafe bedrohte Handlung, weil der Untergebene z. B. gerechtfertigt ist, dann kann der Untergebene den Befehl getrost ausführen. Der Befehl ist in diesem Fall verbindlich, ja er muß sogar ausgeführt werden.

Der Tatbestand der Freiheitsberaubung ist bei Ausführung des Befehls erfüllt. Zweifelhaft ist dagegen, ob die Ausführung auch rechtswidrig ist. Sollte diese rechtswidrig sein, dann läge eine mit Strafe bedrohte Handlung vor, der Befehl wäre somit unverbindlich[2].

---

[1] Vgl. S. 41 Anm. 27.

[2] Hier hat die Rechtswidrigkeit nur deswegen die Unverbindlichkeit des Befehls zur Folge, weil bei Vorliegen der Rechtswidrigkeit der Untergebene eine mit Strafe bedrohte Handlung beginge, die ein Verbrechen oder Vergehen beinhaltet. Es bleibt also dabei, daß die Rechtswidrigkeit eines Befehls noch nichts allein über die Unverbindlichkeit aussagt (vgl. S. 24).

Einigkeit besteht hinsichtlich der strafrechtlichen Beurteilung des Vorgesetzten. Ausgangspunkt ist dabei der § 9 WDO. Konnte und durfte der Vorgesetzte nach erfolgter Prüfung annehmen, daß ein Dienstvergehen vorliegt und daß die Aufrechterhaltung der Disziplin die Festnahme erfordert, so handelt er pflichtgemäß, seine Maßnahme ist gerechtfertigt[3]. So wird der Vorgesetzte im Torposten-Fall regelmäßig dann pflichtgemäß handeln und somit gerechtfertigt sein, wenn er aufgrund des Hinweises, der Gegenvorstellung des Wachsoldaten, A sei der Täter und nicht B, seine Maßnahme noch einmal überprüft und dabei zu der endgültigen Überzeugung gelangt, daß es B gewesen sei, der ihn „angerempelt" hat. Aus diesem rechtmäßigen Handeln des Vorgesetzten folgert Arndt, daß auch „der Untergebene, der den unschuldigen aber irrtümlich vom Vorgesetzten als Täter einer Disziplinwidrigkeit ermittelten Kameraden festnehmen muß, ... bei Befolgung regelmäßig rechtmäßig" handele, „auch wenn er die Unschuld des Festgenommen kennt"[4]. Der Untergebene handele auch dann rechtmäßig, wenn ohne diesen Befehl für ihn kein Rechtfertigungsgrund bestehen würde[5]. Danach wäre der rechtmäßige Befehl des Vorgesetzten für den Untergebenen ein Rechtfertigungsgrund.

Dagegen soll nach der h. M.[6] der Befehl für den Untergebenen kein Rechtfertigungsgrund sein. Handele der befehlende Vorgesetzte rechtmäßig, so gelte das zwar grundsätzlich auch für den Untergebenen. Eine Ausnahme bestehe aber dann, wenn der Untergebene im Gegensatz zum Irrtum des Vorgesetzten der Zulässigkeit des Befehles und damit zugleich erkenne, daß die Ausführung ein Verbrechen oder Vergehen darstelle. Wenn also der Disziplinarvorgesetzte befehle, einen Soldaten, den er für unschuldig hält, festzunehmen, wobei der Untergebene weiß, daß eine Personenverwechslung vorliegt, so begehe zwar nicht der Vorgesetzte, wohl aber auf Befehl der Untergebene eine

[3] So *Baden-Mitzlaff*, WDO, § 9 Anm. 3; TDG C 1 — Beschluß vom 27. 1. 59 —; ähnlich *Arndt*, Grundriß, S. 79, und *Dreher-Lackner-Schwalm*, WStG, § 2 Anm. 14; wohl auch *Hodes*, WDO, § 9 Anm. 2; *Faust*, Einführung, S. 46; für den § 113 StGB insb. *Schönke-Schröder*, § 113 Anm. 16, und BGHSt 21, 334 ff. (363); ähnlich auch RGSt 61, 297 und insb. RGSt 67, 337, wo Notwehr eines Forstbeamten bejaht wurde, obwohl objektiv kein Angriff gegen ihn vorlag. Die als Notwehr unternommenen dienstlichen Handlungen eines Forstbeamten würden selbst dann eine *rechtmäßige* Amtsausübung darstellen, wenn der Beamte irrig, aber in *entschuldbarem* Irrtum über die tatsächlichen Verhältnisse, nach *pflichtmäßiger* Prüfung der Sachlage annimmt, er befinde sich in einer Notwehrlage.

[4] *Arndt*, a.a.O., und *Schwinge*, MStGB, § 92 II 2 b.

[5] So *Arndt*, GA 1957, S. 49.

[6] *Dreher-Lackner-Schwalm*, WStG, § 5 Anm. 4; *Schwaiger*, Handeln auf Befehl, S. 57; *Maurach*, BT, S. 638 für § 113 StGB, und *Kohlhaas*, WStG, § 5 Anm. 4.

Freiheitsberaubung. Das ergebe sich aus § 11 Abs. 2 Satz 1 SG und § 5 Abs. 1 WStG[7].

Die gleiche Meinung vertritt Schwaiger[8]. Das Erkennen oder die Offensichtlichkeit der Begehung eines Verbrechens oder Vergehens auf Befehl begrenze zugleich die Rechtfertigung durch rechtmäßig erteilten Befehl im Hinblick auf die nicht völlig auszuschließende Verantwortlichkeit des Untergebenen bei Kenntnis der wahren Sachlage. Die auf rechtmäßigem Befehl des Vorgesetzten beruhende Tatbestandsverwirklichung werde also zu einer rechtswidrigen Begehung einer Straftat. Die Bestrafung sei von der, wenn auch limitierten, Verantwortlichkeit des Untergebenen allein abhängig, und die Frage, ob ein Unrechtsausschließungsgrund vorliege, soll nach seiner persönlichen Kenntnis der Sachlage entschieden werden. Danach hängt die Rechtmäßigkeit und die Verbindlichkeit des Befehls von den Vorstellungen des Untergebenen ab. Kennt er den wahren Sachverhalt oder ist ihm dieser den ihm bekannten Umständen nach offensichtlich, dann ist dieser Befehl unverbindlich.

Die Lösung ist im Ergebnis billig. Trotzdem bleibt ein „bitterer Nachgeschmack". Das liegt vor allen Dingen an der oben[9] vorgenommenen Auslegung des § 9 WDO. Da der Falsche festgenommen wird, müßte die Festnahme durch den Vorgesetzten normalerweise rechtswidrig sein. Hier läßt man aber das pflichtgemäße Ermessen des Vorgesetzten ausschlaggebend sein, um die Handlung rechtmäßig werden zu lassen. War es die Vorstellung des Vorgesetzten, die die an sich rechtswidrige Festnahme rechtmäßig macht, so ist es wiederum die Vorstellung des Untergebenen, die aus dem nun rechtmäßigen Befehl einen für den Untergebenen rechtswidrigen Befehl macht. Diese zweifache Umwandlung Rechtswidrigkeit—Rechtmäßigkeit—Rechtswidrigkeit wäre nicht erforderlich, wenn der Befehl bereits von vornherein als rechtswidrig angesehen würde und auch rechtswidrig bliebe, wenn also für die Rechtswidrigkeit die objektiven Tatsachen ausschlaggebend sein würden. Dann könnte der Befehl des Vorgesetzten aber nur dann rechtmäßig sein, wenn der Vorgesetzte objektiv richtig gewertet hat, d. h. aus den objektiv erkennbaren Tatsachen richtige Schlüsse gezogen hat[10].

Unter Zugrundelegung dieser Auffassung wäre der Befehl von vornherein unverbindlich, weil der Untergebene bei Ausführung eine mit

---

[7] *Dreher-Lackner-Schwalm*, a.a.O.

[8] *Schwaiger*, a.a.O.

[9] Vgl. S. 71.

[10] So v. *Liszt/Schmidt*, Deutsches Strafrecht, 25. Aufl. 1927, S. 791 für § 113 StGB, und *Sauer*, System des Strafrechts, BT 1954, § 37 II 2 c I S. 467; *Schmidt*, Lehrkommentar zur StPO, § 127 Anm. 6 und 16 und Nachtrag § 127 Anm. 8.

Strafe bedrohte Handlung in Form eines Vergehens beginge. Diese Auffassung führt auch zu gerechten Ergebnissen. Der Vorgesetzte handelt bei Befehlserteilung zwar rechtswidrig, wird aber regelmäßig entschuldigt sein, also straflos ausgehen. Für den Untergebenen gilt wie in allen Fällen der § 5 WStG als Schuldbegrenzung. Nur wenn er erkennt oder es ihm nach den ihm bekannten Umständen offensichtlich ist, daß der Falsche festgenommen wurde, kann er bestraft werden[11].

Die Erörterung der Meinungen diente der Klärung dogmatischer Probleme. Dabei blieben praktische Erwägungen weitgehend außer acht. Indessen ergab die Befragung, daß 84 % der Untergebenen und 90 % der Vorgesetzten den Befehl ausführen würden. Die überwiegende Begründung für die Ausführung war: „Es ist zwar ein Unschuldiger festgenommen worden, dafür trägt aber der OvD die Verantwortung, nicht ich. Mein Hinweis entlastet mich.“ Die Mehrzahl glaubt also, daß erfolglose Gegenvorstellungen entlasten, daß sie für das begangene Unrecht nicht verantwortlich sind. Für diesen Typ Soldat wäre eine Lösung im Sinne von Arndt am einfachsten. Sie könnten nicht bestraft werden. Zudem ist es für den Untergebenen bequem, wenn er weiß, daß er auch in diesem Falle rechtmäßig handelt, zumal es für ihn schwer einzusehen ist, daß der OvD rechtmäßig handeln soll, er, der Untergebene, aber rechtswidrig, mit der Folge der zwingenden Weigerung.

Indessen birgt die Arndt'sche Auffassung große Gefahren in sich, wie sich aus der Umfrage ergibt. Der Soldat hätte die Möglichkeit, die Verantwortung[12] auf den Vorgesetzten abzuwälzen, ohne daß er etwas befürchten müßte, und das, obwohl er genau weiß, daß er Unrecht tut. Die Möglichkeit verantwortungslos zu handeln, versuchen die h. M. und die oben im Text vertretene Ansicht zu verhindern. Muß der Untergebene nämlich den Befehl unter allen Umständen verweigern, dann helfen ihm erfolglose Gegenvorstellungen nichts, wenn er den Befehl letztlich doch ausführt.

Weigerung des Befehls in einer solchen Situation erfordert vom Untergebenen sehr viel. Der Ausbildung wird hier eine große Aufgabe gestellt. Ob sie allerdings leisten kann, daß der Soldat in dieser Situation den Gehorsam verweigern wird, erscheint in zweierlei Hinsicht bedenklich. Einmal kann der Soldat diesen Anforderungen nur gerecht werden, wenn er über die entsprechenden Fähigkeiten zur Weigerung verfügt. Das

---

[11] Eine weitere Folge dieser Auffassung wäre, daß der zu Unrecht Festgenommene gegen seine Festnahme ungestraft Widerstand leisten kann, da er gegen den rechtswidrigen Angriff des Vorgesetzten wie des Untergebenen Notwehr üben kann. Vgl. auch dazu S. 71 Anm. 3.

[12] Vgl. S. 60.

Experiment „Abraham“[13] wird zeigen, daß diese Fähigkeit nicht immer existiert und auch nicht so ohne weiteres erlernbar ist. Zum anderen stellt sich die Frage, ob im konkreten Fall dem Soldaten die Beurteilung des Sachverhaltes als Vergehen überhaupt gelingen kann. Die Auswertung der Antworten beim Torposten-Fall[14] läßt erkennen, daß einige Soldaten unter Freiheitsberaubung einen viel stärkeren Eingriff verstehen. Daher mag es nicht verwundern, daß selbst diejenigen, die wissen, daß Befehle, die ein Vergehen beinhalten, verweigert werden müssen, die Befehlsausführung des Wachsoldaten nicht als Vergehen auffassen. Vielleicht kann der Soldat die Vergehens- oder Verbrechensqualität seines Verhaltens besser erkennen, wenn im Gesetz eine zusätzliche Aufzählung typischer Verbrechens- oder Vergehensfälle erfolgt[15]. Der § 5 WStG wäre dann nicht so sehr *Bewertungsnorm für den Richter*, sondern vielmehr auch *Bestimmungsnorm für den Untergebenen.*

2. Der Gebirgsbach-Fall

Der Gebirgsbach-Fall ist an das Iller-Unglück aus dem Jahre 1957 angelehnt. Der Ausgang der Iller-Überschreitung, der Tod mehrerer Soldaten, ist bekannt. Hier dagegen weiß man noch nicht, ob die Überschreitung zu einem Erfolg in Form einer fahrlässigen Tötung führt oder nicht. Es sieht für den Untergebenen lediglich äußerst gefährlich aus. Dabei soll die Situation so verstanden werden, daß nach der Beurteilung aller dem durchschnittlich gewissenhaften Soldaten bekannten Umstände[16] eine Überschreitung für äußerst risikoreich erscheint. Bei bereits feststehendem Ergebnis zeigt die Literatur ein einheitliches Bild. Arndt[17] hält den Befehl an einen Rekruten, einen gefährlichen Fluß zu durchwaten, bei dessen Ausführung mehrere Soldaten zu Tode kommen, für unverbindlich. Auch Jescheck[18] meint, der Befehl zur Iller-Überschreitung ohne zwingende Gründe sei nicht bindend gewesen. Schwaiger bildet speziell für die fahrlässige Begehung einer Straftat auf Befehl folgenden Fall[19]:

---

[13] Vgl. dazu S. 96 ff.

[14] S. 54.

[15] Ähnlich schon von *Ammon,* S. 65, für das MStGB. — Beim Massaker von My Lay erwies sich dieses Vorgehen (vgl. Seite 34) allerdings als unwirksam. Das mag aber auf die dortigen Ausnahmebedingungen zurückzuführen sein, bei deren Vorliegen sowieso schon fragwürdig ist, ob eine Steuerung durch Rechtsnormen möglich ist.

[16] Ähnlich BGHSt 19, 231 f. (233).

[17] *Arndt,* Grundriß, S. 80, und *Schwaiger,* Handeln auf Befehl, S. 175, der in Anlehnung an *Arndt* den Befehl, bei Hochwasser einen 2 m tiefen, reißenden Gebirgsbach in voller Marschausrüstung zu durchwaten, ebenfalls für unverbindlich hält.

[18] *Jescheck,* Befehl, S. 83.

[19] *Schwaiger,* a.a.O., S. 97.

„Feldwebel A läßt auf Befehl von Hauptmann B eine Gruppe von Soldaten übungshalber mit vollem Marschgepäck einen reißenden Gebirgsbach durchqueren. Zwei Soldaten ertrinken. A hält es dabei für möglich, daß Soldaten ertrinken, vertraut aber darauf, daß der Erfolg nicht eintritt. Darüber hinaus glaubt er noch irrig, daß auch für den Fall des Erfolgseintritts, seine Anordnung gerechtfertigt sei. Er erkennt also die Lebensgefährdung durch seine Befehlsgebung. Hier hat der Untergebene zwar die Rechtswidrigkeit seines Tuns nicht ‚erkannt'. Für einen vernünftigen Menschen springt es jedoch ins Auge, daß die Anordnung nicht rechtmäßig sein kann. Der Feldwebel A ist also, da die Rechtswidrigkeit ‚offensichtlich' ist, wegen fahrlässiger Tötung zu bestrafen."

In allen diesen Beispielen aus der Literatur kommt es zur Befehls*ausführung*. Das Ergebnis der Ausführung steht somit fest, entweder Erfolgseintritt oder Ausbleiben des Erfolges. In diesen Fällen ist die rechtliche Lösung relativ einfach. Dagegen sind die Fälle weitgehend ungeklärt, in denen ein Befehl erteilt wird, bei dem die Gefahr der Begehung einer fahrlässigen Straftat gegeben ist, der Eintritt des Erfolges aber nicht feststeht, weil der Untergebene die Ausführung des Befehls verweigert und der Befehl auch von niemand anderem ausgeführt wird. Jescheck[20] deutet einen Lösungsweg für dieses Problem an, wenn er ausführt, daß die Kenntnis des Untergebenen, daß er nach seinem Ausbildungsstand einen Lastkraftwagen nicht sicher zu führen vermöge, genüge, um ihm das Recht zu geben, die Ausführung des Befehls zu verweigern, weil sich die Tat im Falle eines Unglückes als fahrlässige Tötung oder Körperverletzung darstellen würde. — Ein *Recht* zur Weigerung würde aber Unverbindlichkeit des Befehls bedeuten.

Der BGH wirft dieses Problem in einer Entscheidung[21] auf, im Zusammenhang mit einem Befehl an einen Soldaten, bei Übungsalarm mit einem Lkw mit Anhänger zu fahren, obwohl er den dafür erforderlichen Führerschein nicht besitzt, wobei das Fahrzeug bei einem Bremsversuch umkippt und ein Beifahrer ums Leben kommt. Es seien Zweifel möglich, „ob die Verbindlichkeit des Befehls auch dann entfällt, wenn sich der Befehlsgeber durch die Ausführung der befohlenen Handlung mit mehr oder weniger großer Wahrscheinlichkeit eines fahrlässigen Vergehens schuldig mache." Der BGH glaubt, diese Frage nicht beantworten zu müssen, da, selbst wenn ein solcher Befehl unverbindlich sei, der Angeklagte nicht hätte bestraft werden können, da dieser die Begehung der Straftat weder erkannt noch ihm diese offensichtlich

[20] *Jescheck*, a.a.O., S. 80.
[21] BGHSt 19, 231 ff. (232).

gewesen sei. Schwenck[22] meint jedoch, der BGH habe „die ‚dahingestellte‘ Frage bereits beantwortet“ und sich für die Unverbindlichkeit des gefährlichen Befehls entschieden. „Denn wenn der erteilte Befehl noch verbindlich wäre, hätte das Gericht die ‚Offensichtlichkeit‘ des § 5 WStG nicht prüfen dürfen, ...“[23].

Das SchlHOLG[24] hat das Problem des „gefährlichen“ Befehls formuliert und neigt bei seinen Ausführungen zur Unverbindlichkeit, ohne die Frage jedoch zu entscheiden. Dabei hält es für nicht vertretbar, „daß die Verbindlichkeit des Befehls vom Eintritt oder Nichteintritt eines bei der Befehlsausgabe ungewissen künftigen Ereignisses abhängig wäre; vertretbar wäre nur, daß der Befehl wegen der voraussehbaren Möglichkeit von vornherein unverbindlich wäre, daß ein Befehl, dessen Durchführung von vornherein die Gefahr der Begehung eines fahrlässigen Vergehens in sich birgt, also der gefährliche Befehl, unverbindlich wäre.“

Das SchlHOLG weist also auf zwei Lösungsmöglichkeiten hin: Abhängigkeit der Verbindlichkeit vom Eintritt oder Nichteintritt des Erfolges *oder* Abhängigkeit der Verbindlichkeit von der voraussehbaren Möglichkeit des Erfolgseintritts. Im letzteren Falle entscheidet eine Prognose über die Verbindlichkeit.

Bevor auf mögliche Prognosen im einzelnen eingegangen werden soll, ist darzulegen, aus welchen Gründen bei der Entscheidung über die Verbindlichkeit nicht auf den Eintritt oder Nichteintritt des Erfolges abgestellt werden kann.

Bei Befehlsausführung führt das Heranziehen des Erfolges zu folgenden Ergebnissen: Bleibt der befürchtete Erfolg aus, so war der Befehl verbindlich[25]. Eine Bestrafung wegen eines Vergehens kann nicht erfolgen, da der Erfolg nicht eingetreten ist, selbst dann nicht, wenn der Befehlsempfänger den Eintritt des Erfolges für möglich gehalten hat[26]. Kommt es dagegen zum Erfolgseintritt, so ist gleichgültig, ob der Untergebene damit rechnete oder nicht. Der Befehl ist unver-

---

[22] *Schwenck*, a.a.O., § 5 WStG 2/6.

[23] Diese Argumentation übersieht, daß der BGH das Problem bewußt ausklammert, weil es für seine Entscheidung nicht darauf ankommt (ebenso SchlHOLG in *Kohlhaas-Schwenck*, Rspr., § 5 WStG 2/5). Die Erörterungen über die „Offensichtlichkeit“ bedeuten also keine Entscheidung, im Gegenteil, sie werden gemacht, um das Problem nicht entscheiden zu müssen.

[24] SchlHOLG, a.a.O.

[25] So *Schwenck*, a.a.O., § 5 WStG 2/9: „Ein gefährlicher Befehl, der nicht zu einem tatbestandsmäßigen Handeln führt, wo also die ‚Gefahr‘ nicht eingetreten ist, bleibt verbindlicher Befehl.“

[26] Allenfalls wäre eine Bestrafung wegen Versuchs denkbar. Dieser ist aber bei Fahrlässigkeitsdelikten nach dem geltenden Recht nicht strafbar. Vgl. *Schönke/Schröder*, § 43 Anm. 4; vgl. auch § 22 Abs. 1 Satz 2 WStG.

bindlich. Die Bestrafung des Untergebenen hängt nur noch davon ab, ob die übrigen Voraussetzungen des § 5 WStG gegeben sind[27].

Dagegen führt im Weigerungsfalle das Abstellen auf den Erfolgseintritt zu großen Schwierigkeiten. Denn wenn der Untergebene den Befehl verweigert und der Befehl auch von niemand anderem ausgeführt wird, dann liegt kein konkretes meßbares Ergebnis hinsichtlich des Eintritts des Erfolges vor. Für diesen Fall muß eine Gefährlichkeitsprognose angestellt werden. Natürlich sind Fälle denkbar, bei denen der Erfolgseintritt entweder schon von vornherein feststeht oder aufgrund nachträglicher Untersuchungen so klar ist, daß ohne weiteres der Erfolgseintritt unterstellt werden kann. So ist wohl auch das Beispiel von Jescheck[28] zu verstehen. Dann handelt es sich aber nicht mehr um einen typischen Fall des „gefährlichen" Befehls. Im Falle des Erfolgseintritts käme dort möglicherweise sogar eine Bestrafung wegen vorsätzlicher Tatbegehung in Frage.

Läßt sich dagegen beim „gefährlichen" Befehl eine Gefährlichkeitsprognose nicht umgehen, so fragt sich, ob die Beurteilung nachträglich bekanntwerdende Umstände einzubeziehen hat oder nicht[29]. Gleichgültig, wie die Entscheidung ausfällt, sie darf die Zielsetzung des Gesetzgebers, Verhinderung auch von Vergehen, nicht in Frage stellen. Außerdem darf eine Lösung nicht zu einem zu großen seelischen Konflikt des Untergebenen in der konkreten Befehlssituation führen.

Die Unsicherheit in tatsächlicher Hinsicht, ob der befürchtete Erfolg eintreten werde oder nicht, kann der Soldat nur in seltenen Fällen beseitigen. Zu dieser tatsächlichen Unsicherheit würde sich eine rechtliche gesellen, wenn nachträglich bekanntwerdende Umstände die Verbindlichkeit beeinflussen könnten. Denn dann wüßte der Untergebene nicht, ob er den Befehl verweigern muß oder nicht, eben weil für ihn noch nicht feststände, ob der Befehl verbindlich ist oder nicht. Weiß er aber in solchen kritischen Fällen, daß er den Befehl verweigern muß, weil der Befehl unverbindlich ist, wirkt zwar der entgegenstehende Befehl, der Ausführung verlangt, belastend. Der Untergebene braucht aber bei seiner Entscheidung wenigstens nicht mehr das Übel einer Bestrafung wegen Ungehorsams im Falle der Weigerung in seine Überlegungen einzubeziehen. Aber noch ein weiteres, eng damit verknüpftes Argu-

---

[27] Sind auch die übrigen Voraussetzungen gegeben, so ist der Richter allerdings nicht gezwungen zu bestrafen, da er gemäß § 5 Abs. 2 WStG die Möglichkeit hat, bei Vergehen von der Strafe abzusehen. Diese Regelung soll jedoch bei den folgenden Erörterungen außer acht gelassen werden, da der Täter auf ihre Anwendung keinen Einfluß hat.

[28] *Jescheck*, a.a.O.; vgl. S. 75 im Text.

[29] Für die Entscheidung ist zunächst völlig unbeachtlich, durch wen die Beurteilung vorzunehmen ist.

ment, muß berücksichtigt werden: Die Zweckerreichung des Gesetzgebers, Verhinderung von Vergehen, wäre in Frage gestellt, wenn die Entscheidung über die Verbindlichkeit von nachträglichen, dem Soldat zur Zeit der Befehlsausführung noch nicht zugänglichen, Tatsachen abhinge. Steht für den Soldaten noch nicht fest, ob der Befehl unverbindlich ist oder nicht, so könnte seine vorzunehmende Wahl zwischen Bestrafung wegen Ungehorsams bei Weigerung und möglichem Erfolgseintritt bei Ausführung, leicht zugunsten der Ausführung ausfallen, weil er damit rechnen könnte, daß es vielleicht doch nicht so gefährlich ist. Darüber hinaus bestände die Gefahr einer gewissenlosen Handlungsweise, gewissenlos deswegen, weil der Untergebene auf die Gefahr hin, der Erfolg werde eintreten, den Befehl ausführt. Das mag insbesondere folgender Fall, der sich tatsächlich zugetragen hat, verdeutlichen:

Es ist Winter. Die Straßen sind vereist. Im Tal findet eine ABC-Übung statt. Der DivKdr gibt dem stellvertretenden Kdr des PzBtl den Befehl, 5 Panzer die vereiste Straße hinunter ins Tal fahren zu lassen, da der weitere Verlauf der Übung mit dem Einsatz der Panzer stehe und falle. Der stellvertretende Kdr, Panzerfachmann, lehnt die Ausführung zunächst ab, da unmittelbare Gefahr des Absturzes bzw. der Kollision mit anderen Verkehrsteilnehmern bestehe. Der DivKdr besteht auf Ausführung. Der stellvertretende Kdr führt den Befehl trotz großer Bedenken aus. Es passiert nichts.

Hier war dem Untergebenen, einem Stabsoffizier, die Ausführung nur unter schwerer Gewissensbelastung möglich[30]. Zwang, auch indirekter Zwang zu einer gewissenlosen Handlungsweise sollte aber verhindert werden.

Nachträglich bekanntwerdende Umstände haben also für die Frage der Verbindlichkeit beim „gefährlichen" Befehl auszuscheiden. Dann kann eine mögliche Prognose nur noch auf bereits in der Befehlssituation bekannte Umstände abstellen, sie ist also notwendig „ex ante". Diese Prognose müßte auch im Ausführungsfalle angestellt werden, da es für die Beurteilung nicht auf die endgültige Handlungsweise ankommen kann. Fraglich ist, welcher Betrachter über die Verbindlichkeit entscheiden soll. Zunächst bietet sich der individuelle Betrachter an, der jeweils Handelnde. Denkbar wäre aber auch schon dann Unverbindlichkeit anzunehmen, wenn ein einziger Untergebener den Befehl als gefährlich erachtet, selbst wenn dieser über größere Kenntnis verfügen sollte als der Täter[31]. Schließlich könnte man als

[30] Es braucht nicht immer der „kleine" Soldat zu sein, auch bei höheren Dienstgraden kann dieser Konflikt auftreten, wie dieses Beispiel zeigt.

[31] So *Vermander*, S. 81, der eine Hilfspflicht im Rahmen des § 330 c StGB schon dann als gegeben ansieht, wenn nur ein einziges Mitglied der Rechtsgemeinschaft die Voraussetzungen Unfallsituation und Erforderlichkeit der Hilfeleistung erkennen kann.

Maßstab die Beurteilung eines durchschnittlich gewissenhaften Untergebenen gelten lassen.

Entscheidet die Prognose des individuellen Betrachters über die Verbindlichkeit, so würde ein Befehl auch dann unverbindlich sein, wenn ein Soldat einen Befehl aus übertriebener Vorsicht als gefährlich ansieht, obwohl vielleicht jeder andere Untergebene den Befehl als absolut ungefährlich erachtet hätte. Würde man damit ernstmachen, dann wäre eine einheitliche Befehlsausführung möglicherweise nicht gesichert, da ein Befehl unter gleichen Bedingungen für den einen verbindlich wäre, für den anderen dagegen unverbindlich. Es muß trotz der Beurteilung „ex ante" ein gewisses Maß an Objektivierung gefordert werden, woran sich der einzelne zu orientieren hat. Nun könnte man glauben, dies sei erreicht, wenn der Befehl schon dann unverbindlich sei, wenn ein einziger Soldat aufgrund besonderer Kenntnis, über die der Durchschnittssoldat nicht verfügt, den Befehl als gefährlich beurteilt. Hier wäre aber der „Durchschnittsuntergebene" wie bei der „ex post"-Betrachtung auf Spekulationen verwiesen. Woher sollte er wissen, daß es vielleicht einen Untergebenen gibt, der den Befehl aufgrund besonderer Kenntnis als gefährlich ansieht?

Bleibt schließlich die Beurteilung der Lage durch einen durchschnittlich gewissenhaften Soldaten. Danach wäre ein Befehl dann unverbindlich, wenn nach der Beurteilung aller dem durchschnittlich gewissenhaften Soldaten bekannten und erkennbaren Umständen der Befehl als gefährlich erscheint[32]. Dann könnte aber ein Untergebener nicht bestraft werden, wenn dieser aufgrund gewisser nur ihm bekannten Umstände genau weiß, daß die Ausführung des Befehls gefährlich ist, während der „Durchschnittsuntergebene" aufgrund der ihm bekannten Umstände glaubt, der Befehl sei ungefährlich. Dieses in der Tat unhaltbare Ergebnis läßt sich vermeiden, wenn man auf die dem Täter bekannten und erkennbaren Umstände abstellt[33]. Nun könnte man einwenden, bei Anlegung eines so „subjektiven" Maßstabes für die Beurteilung der Gefährlichkeit sei die einheitliche Befehlsausführung gefährdet. Das wäre in der Tat so, wenn nicht auf dieser Stufe eine Objektivierung erfolgen würde. Die Wertung der dem Täter bekannten und erkennbaren Umstände wird nicht dem individuell Handelnden überlassen, sondern von dem „Durchschnittsuntergebenen" vorgenommen. Erst auf dieser Stufe, aber notwendig hier, erfolgt die

[32] Diese Ansicht wird z. T. bei der Fahrlässigkeit (für die Voraussehbarkeit) vertreten. So z. B. OLG Köln NJW 1956, 1848; NJW 1963, 2382; Arthur *Kaufmann*, Schuldprinzip, S. 227, und BGHSt 19, 231 ff. (233), vgl. auch S. 75 im Text.

[33] So auch *Schönke-Schröder*, § 59 Anm. 183 und 186, für die Voraussehbarkeit bei der Fahrlässigkeit.

Objektivierung in der Beurteilung, um einen gewissen Grad an Einheitlichkeit herzustellen. Die Gefährlichkeit beurteilt sich also nach der objektiven, dem Täter zugänglichen Erfahrung[34].

Damit entscheiden bereits Kriterien über die Verbindlichkeit, die ihren Standort bei der Fahrlässigkeit haben. Diese Vorwegnahme der „Schuldprüfung" ist aber unerläßlich, um zu gerechten Ergebnissen zu gelangen. Denn wenn sich die Entscheidung über die Verbindlichkeit auf die Beurteilung der dem Täter bekannten und erkennbaren Umstände stützt, dann ist auch ein Abschieben der Verantwortung in dem großen Ausmaß wie bei der jetzigen Regelung nicht mehr möglich. Der Untergebene muß für seine Entscheidung geradestehen können. Und das weiß er in dem Moment, in dem er handeln muß. Dann werden vielleicht auch weniger Soldaten die Begründung wählen: „Es wird zwar das Leben meiner Kameraden gefährdet, dafür trägt aber der KpChef die Verantwortung, nicht ich. Mein Hinweis entlastet mich."

Damit steht auch die Lösung des Gebirgsbach-Falles fest. Der Befehl ist unverbindlich.

3. Der Zivilisten-Fall

Waren im vorangegangenen Fall konkrete Anhaltspunkte für den Eintritt eines möglichen Erfolges gegeben, so ist das hier nicht der Fall. Ein „gefährlicher" Befehl liegt also nicht vor. Trotzdem kommt es zum Erfolgseintritt, da die „feindlichen Soldaten" sich als harmlose Bauern entpuppen. Hier liegt ein unverbindlicher Befehl vor, der verweigert werden müßte. Der Untergebene kann aber bei Ausführung nicht bestraft werden, weil er nicht erkannt hat, und es ihm auch nicht nach den ihm bekannten Umständen offensichtlich ist, daß es sich um Zivilisten handelt. Der Untergebene kann diesen Befehl getrost ausführen, zumal er gar nicht die Möglichkeit hat, zusätzliche Anhaltspunkte für seine vage Vermutung, es könnten vielleicht Zivilisten sein, zu gewinnen.

Diese Fallgestaltung ist rechtlich klar. Für den Untergebenen ändert sich die rechtliche Beurteilung schlagartig, wenn er für den Eintritt eines Erfolges konkrete Anhaltspunkte[35] aufgrund des ihm bekannten Sachverhaltes hat. Dann muß er äußerst vorsichtig sein. Rechnet der Untergebene aufgrund dieser konkreten Anhaltspunkte damit, daß es Zivilisten sind, dann kann ihn bei Ausführung der Vorwurf der Offen-

[34] So auch z. B. BGH NJW 1957, 1527; OLG Düsseldorf, JMBlNRW 1958, 140 und OLG Celle VRS 15, 351 für die Voraussehbarkeit bei der Fahrlässigkeit.

[35] Er erkennt z. B. die mutmaßlichen Gewehre als Stöcke.

sichtlichkeit und somit möglicherweise sogar eine Strafe wegen vorsätzlicher Tatbegehung treffen[36], wenn es tatsächlich Zivilisten sein sollten. So würden sich auch die Befragten der Gefahr einer Bestrafung aussetzen, wenn sie handeln würden, wie sie antworten: „Es könnten zwar Zivilisten sein, dafür trägt aber der GrpFhr die Verantwortung, nicht ich."

Besonders kritisch wird es, wenn der Untergebene den Befehl verweigert, weil er irrig glaubt, es seien Zivilisten, und sich nachträglich herausstellt, daß es Soldaten sind. Hier sind die objektiven Umstände anders als es sich der Untergebene vorstellt. Objektiv liegt ein verbindlicher Befehl vor, der ausgeführt werden muß. Dagegen glaubt der Untergebene, einen unverbindlichen Befehl erhalten zu haben. Da die Voraussetzungen des § 5 WStG nicht vorliegen, hängt die Bestrafung wegen Ungehorsams davon ab, ob der Irrtum des Untergebenen, Begehung eines Verbrechens durch Tötung von Zivilisten im Falle der Ausführung des Befehls, vorwerfbar ist oder nicht (vgl. § 22 Abs. 2 WStG). Nur wenn der Untergebene unter den gegebenen Umständen davon ausgehen durfte, daß es sich um Zivilisten handelt, geht er gem. § 22 Abs. 2 WStG straffrei aus.

Beim „gefährlichen" Befehl erschien es unbillig, den Untergebenen im Weigerungsfalle auf die Regelung des § 22 Abs. 2 WStG zu verweisen, wenn er irrtümlich mit dem Eintritt des Erfolges rechnete, der Erfolg aber nicht eingetreten wäre. Dort sollte der Irrtum Unverbindlichkeit des Befehles zur Folge haben[37]. Dabei war für dieses Ergebnis entscheidend, daß der Untergebene in der konkreten Situation eine konkrete *rechtliche* Handlungsanweisung braucht. Nun könnte man meinen, daß es sich hier um die gleiche Problematik wie beim „gefährlichen" Befehl handelt. Dann müßte auch hier der Befehl unverbindlich sein. Indessen unterscheiden sich die Befehle in einem Punkt wesentlich. Beim „gefährlichen" Befehl besteht lediglich die Gefahr der Begehung einer fahrlässigen Straftat. Selbst wenn die Befürchtungen des Untergebenen richtig sein sollten — Lebensgefahr bei Flußüberschreitung —, steht für ihn noch nicht fest, ob der Erfolg *tatsächlich* eintritt. Daraus ergibt sich die oben angeführte rechtliche Unsicherheit, wenn man auf den Erfolgseintritt abstellt. Hier dagegen steht im Falle der Richtigkeit der Befürchtung der Erfolg *endgültig* fest und somit auch die rechtliche Handlungsweise. Glaubt der Untergebene nämlich, es seien Zivilisten, dann ergibt sich daraus für ihn zwangsläufig die Unverbindlichkeit des Befehls.

Wegen der rechtlichen Unsicherheit mußte beim „gefährlichen" Befehl eine Ausnahme gemacht werden, für die hier kein Bedürfnis be-

[36] Vgl. *Schwaiger*, Handeln auf Befehl, S. 44; vgl. auch im Text S. 90 f.

[37] Mit den dort angeführten Einschränkungen, vgl. S. 80 f.

steht, da auch bei Vorliegen eines Irrtums für den Untergebenen die rechtlich vorgeschriebene Handlungsweise feststeht. Im Ergebnis bleibt also lediglich § 22 Abs. 2 WStG als Möglichkeit, der Bestrafung wegen Ungehorsams zu entgehen.

4. Der Fahnen-Fall

Die Lösung des Falles ist einfach. Hier liegt ein Verstoß gegen die Genfer Abkommen vom 12. 8. 1949, also gegen Bestimmungen des Kriegsvölkerrechts, vor, die u. a. den Mißbrauch des Rotkreuz-Abzeichens verbieten. Die vier Genfer Abkommen sind allgemeine Regeln des Völkerrechts im Sinne des Art. 25 GG[38]. Wegen Verletzung dieser allgemeinen Regeln des Völkerrechts ist der Befehl unverbindlich. Auf das Bestehen einer (bei uns noch fehlenden[39]) Strafvorschrift kommt es nicht an[40].

Arndt[41] leitet die Unverbindlichkeit aus allgemeinen Grundsätzen ab: Zwar seien „Tarnung und Kriegslisten erlaubt, aber alle Maßnahmen untersagt, durch die auf unehrenhafte Weise im Kampf ein Vorteil erzielt werden soll (Mißbrauch der feindlichen Flagge und Uniform ... Mißbrauch des Roten Kreuzes)". Die Unverbindlichkeit dieses Befehls wegen Verstoßes gegen Art. 25 GG bedeutet aber zugleich, daß der Befehl verweigert werden muß. Das läßt sich aus Art. 25 GG entnehmen, wonach die allgemeinen Regeln des Völkerrechts, somit auch die Genfer Abkommen unmittelbare Rechte und Pflichten auslösen[42,43].

Ist dieser Fall zwar rechtlich ziemlich unergiebig[44], so eignet er sich jedoch besonders gut dazu, praktische Konsequenzen für die Ausbildung

---

38 *Dreher-Lackner-Schwalm*, WStG, § 2 Anm. 13, und *Kohlhaas*, WStG, § 2 Anm. 2 f.

39 *Jescheck*, Befehl, S. 83, und Lb, S. 259; so auch *Dreher-Lackner-Schwalm*, WStG, § 2 Anm. 27.

40 Inzwischen liegt ein Gesetzesentwurf vor, der alle schweren Verletzungen des Kriegsvölkerrechts, die bisher nicht oder nicht ausreichend unter Strafe gestellt sind, als nationale Straftatbestände erfaßt. Vgl. *Krawietz*, Internationaler bewaffneter Konflikt und militärischer Gehorsam, DVBl 1970, S. 611.

41 *Arndt*, Grundriß, S. 67.

42 Vgl. insbesondere *Dreher-Lackner-Schwalm*, WStG, § 2 Anm. 34.

43 Der Erlaß des o. a. Gesetzes (Anm. 40) hätte zur Folge, daß Befehle, die ein schwerwiegendes völkerrechtswidriges Verhalten anordnen, schon gem. § 11 Abs. 2 SG nicht befolgt werden dürfen (vgl. *Krawietz*, a.a.O.).

44 Rechtlich interessante Probleme ergeben sich z. B., wenn der Mißbrauch des Rotkreuz-Abzeichens aus militärischen Gründen notwendig wird, um das Leben der eigenen Soldaten zu retten, der Verstoß gegen Kriegsvölkerrecht also zwingend geboten erscheint. Ist dann die Zuwiderhandlung u. U. wegen Vorliegens eines übergesetzlichen Notstandes gerechtfertigt?

Die Frage stellt sich, da der sog. „Angell-Report" auf diese Weise die Bombardierung von Dresden am 13. und 14. Februar 1945 zu rechtfertigen aufzuzeigen. Die Auswertung[45] des Fahnen-Falles beweist, daß hier wie in keinem der anderen Fälle Wissen und richtiges Verhalten eng miteinander gekoppelt sind. Mit abnehmendem Wissen steigt die Zahl der falschen Antworten. Diese Erkenntnis soll sich der kriegsvölkerrechtliche Unterricht zunutze machen. Aufgabe des Unterrichts muß es sein, neben der Regelung den Soldaten den Sinn der allgemeinen Völkerrechtsregeln klarzumachen. Ohne den dahinter stehenden Grund ist die Regelung, Verbot des Rotkreuz-Abzeichen-Mißbrauchs, nicht ohne weiteres zu verstehen. Das zeigen die Antworten mancher Soldaten, es sei geschickte Täuschung.

II. Die Pflicht zur Erhebung von Gegenvorstellungen

Unter bestimmten Umständen hat der Untergebene die Pflicht zu Gegenvorstellungen: „Erkennt der Soldat, daß sich der befehlende Vorgesetzte im Irrtum über tatsächliche Umstände befindet und bei Kenntnis der wahren Sachlage den Befehl vielleicht nicht erteilt haben würde, so ist er jedenfalls dann, wenn es ohne weiteres möglich ist, verpflichtet, den Vorgesetzten auf seinen Irrtum aufmerksam zu machen (Gegenvorstellung)“[46,47]. Dieser Satz wird, soweit ersichtlich, von der Literatur anerkannt[48]. Im folgenden soll nicht dieser Satz an sich in Frage gestellt werden. Vielmehr sollen die rechtlichen und tatsächlichen Konsequenzen untersucht werden, die sich daraus ergeben.

Betrachten wir den Torposten-Fall. Dort sind die Voraussetzungen für die Pflicht zur Erhebung von Gegenvorstellungen gegeben. Gehen

---

versucht: „Wenn die deutschen Verkehrszentren, die zur Front führten, und unter denen Dresden eine einzigartig wichtige Stellung einnahm, nicht erfolgreich bombardiert worden wären, kann es kaum Zweifel geben, daß dann der Verlauf des europäischen Krieges beträchtlich verlängert worden wäre“ (dpa-Meldung, abgedruckt in SZ Nr. 40 v. 16. 2. 70). Kriegsvölkerrechtlich war der Angriff nicht zulässig, da militärische Kampfhandlungen nur gegen bewaffnete Angehörige des Gegners und gegen militärische Objekte gerichtet werden dürfen (vgl. *Arndt*, Grundriß, S. 67). Andererseits kann u. U. die Notwendigkeit dieses Verstoßes nicht geleugnet werden.

45 Vgl. S. 58 ff.

46 BGHSt 19, 231 Leitsatz.

47 Schon die Begründung der Bundesregierung zum Entwurf des SG, 2. Wahlperiode des Bundestages, Drucksache Nr. 1700, S. 19 f., hat die Möglichkeit, Gegenvorstellungen zu erheben, ins Auge gefaßt, und zwar als Ausgleich für die bindende Kraft militärischer Befehle: „Die Gegenvorstellung steht mit dem Erfordernis, Disziplin zu wahren, im Einklang, wenn der Untergebene aus ernsthaften Gründen sich zur Gegenvorstellung genötigt sieht. Solche ernsthaften Gründe können sich insbesondere daraus ergeben, daß der Untergebene seinerseits Vorgesetzter ist und damit Verantwortung für seine eigenen Untergebenen trägt.“

48 Z. B. *Arndt*, Grundriß, S. 119; *Kohlhaas*, WStG, § 5 Anm. 4.

wir davon aus, daß der Untergebene, ohne genauer zu überlegen, Gegenvorstellungen erhoben hat[49], weil für ihn klar ist, daß der Festzunehmende unschuldig ist. Nimmt der OvD aufgrund der berechtigten Gegenvorstellung den Befehl zurück, dann ist alles in Ordnung. Was geschieht aber, wenn der Vorgesetzte auf Ausführung des Befehls besteht? Das kann aus vielen Gründen häufig der Fall sein, aus Uneinsichtigkeit, Sturheit, Besserwisserei, aber auch aus tatsächlich größerer Erfahrung heraus[50]. Beugt sich der Untergebene der Autorität des Vorgesetzten[51], führt er den Befehl also nach erfolglos erhobenen Gegenvorstellungen aus und handelt es sich dabei um ein Verbrechen oder Vergehen, so stellt sich die Frage nach der strafrechtlichen Verantwortung.

Für eine Bestrafung ist die Kenntnis bzw. Offensichtlichkeit des Verbrechens oder Vergehens Voraussetzung. Diese Kenntnis bzw. Offensichtlichkeit muß noch nach den vergeblich erhobenen Gegenvorstellungen gegeben sein. Liegen diese Voraussetzungen vor, dann vermögen erfolglos erhobene Gegenvorstellungen den Untergebenen nicht zu entlasten[52]. Die Gegenvorstellungen würden dem Untergebenen also nichts nützen, wenn er den Befehl letztlich doch ausführt. Er könnte genauso bestraft werden, wie wenn er dem Befehl sofort, ohne Gegenvorstellungen zu erheben, nachkommen würde. Fraglich ist aber, ob nach den erhobenen Gegenvorstellungen dem Untergebenen bei Ausführung die Begehung eines Verbrechens oder Vergehens *tatsächlich*

---

[49] Besonders bei kritischen Befehlen wird der Soldat von sich aus Gegenvorstellungen erheben. Das zeigt besonders eindrücklich der Gebirgsbach-Fall. Bei einem Pretest war der Fall so gestellt, daß der Untergebene keine Gegenvorstellungen erhoben hatte. Bei dieser Fall-Gestaltung gab sich die Mehrzahl der Befragten mit dem Antwortenkatalog nicht zufrieden, sondern führte aus, daß sie auf jeden Fall Gegenvorstellungen zunächst erheben würden, bevor sie den Befehl ausführen würden. Andererseits darf die Möglichkeit nicht außer acht gelassen werden, daß es bestimmte Umstände geben kann, die den Untergebenen von Gegenvorstellungen abhalten können. Weiß der Untergebene z. B. von früheren Zwischenfällen, daß es doch keinen Zweck hat, dem Vorgesetzten zu widersprechen oder ihn auf seinen Fehler aufmerksam zu machen, dann wird er es gar nicht erst versuchen, zumal seine Position nicht verbessert wird, wenn er es tut.

[50] Außerdem gehört zur Rücknahme eine gewisse menschliche Größe. Je mehr Soldaten den Befehl gehört haben, desto schwerer ist es für den Vorgesetzten, den Befehl zurückzunehmen. Der Vorgesetzte fürchtet vielleicht um seinen Ruf. Vielleicht glaubt er aber auch, die Disziplin werde gefährdet, wenn er seinen erteilten Befehl nicht durchsetzt. So äußerte ein höherer Offizier in der Diskussion, daß er im Torposten-Fall den Befehl unter allen Umständen durchsetzen würde, auch auf die Gefahr hin, daß ein Unschuldiger festgenommen würde, weil hier eine Rücknahme unmöglich wäre. Dann wird der Befehl das Mittel für eine echte Machtprobe zwischen Vorgesetzten und Untergebenen.

[51] Vgl. Auswertung des Falles 1, S. 53 ff.

[52] *Jescheck*, Befehl, S. 81.

bekannt oder offensichtlich ist. Die Frage ist berechtigt, weil sich der Untergebene bei der Wahl seiner endgültigen Handlungsweise Gedanken darüber macht, was für seinen Entschluß sprechen kann. Er sucht also eine Klärung. Ursprünglich glaubte der Untergebene vielleicht fest, der Befehl sei rechtswidrig. Das veranlaßte ihn überhaupt erst dazu, den Vorgesetzten auf den wirklichen Sachverhalt aufmerksam zu machen. Die Tatsache, daß der Vorgesetzte trotzdem auf Ausführung besteht, ändert aber einiges[53]. Nun steht der Untergebene bei seiner Entscheidung vor einer schwierigen Situation: Einerseits weiß er, daß er einen Unschuldigen an sich nicht festnehmen darf. Andererseits wird ihm ein unmißverständlich anders lautender Befehl erteilt, der die Ausführung verlangt. Wird hier nicht das Wissen, die Kenntnis der Rechtswidrigkeit erschüttert? Auf jeden Fall beginnt der Untergebene zu zweifeln. Konsequenterweise muß er annehmen, daß der Vorgesetzte entweder sich über das Gesetz hinwegsetzt oder, daß er vielleicht doch recht hat. Je nachdem, wie kritisch er sein zu müssen glaubt oder wie stark die Autorität des Vorgesetzten ist, wird der Soldat den Befehl verweigern oder befolgen.

Zweifel führen unweigerlich zum Nachdenken. Indem man aber nachdenkt, überprüft man noch einmal den Sachverhalt[54] und die rechtliche Regelung[55,56]. Gibt es am Sachverhalt nichts zu „rütteln", so können immer noch Zweifel über die Rechtmäßigkeit des Befehls bestehen. Nehmen wir im Torposten-Fall an, daß der Untergebene eine Prüfung hinsichtlich der Strafrechtswidrigkeit vornehmen will. Kommt er nach längeren Überlegungen zu dem Ergebnis, daß der Vorgesetzte vielleicht doch die Ausführung von ihm verlangen kann, so glaubt er trotz des ihm bekannten Sachverhaltes, er müsse den Befehl ausführen. Liegt in diesem Fall überhaupt noch Kenntnis bzw. Offensicht-

---

[53] Die Möglichkeit, daß der Vorgesetzte auf Ausführung besteht, hat der BGH (BGHSt 19, 231) bei seiner Entscheidung wohl nicht in Erwägung gezogen. Vermutlich ist der BGH von der Überlegung ausgegangen, daß Gegenvorstellungen bei Irrtum des Vorgesetzten diesen dazu veranlassen, den Befehl zurückzunehmen. Andernfalls wäre sein Leitsatz mißverständlich: „Führt der Soldat in einem solchen Falle (der Untergebene kennt den Irrtum des Vorgesetzten) den Befehl ohne Gegenvorstellung aus, so haftet er in der Regel strafrechtlich für die Folgen." (Klammerbemerkung vom Verfasser). Aus diesem Satz ließe sich aufgrund eines Umkehrschlusses folgern, daß der Untergebene nach erfolglos erhobenen Gegenvorstellungen bei Ausführung straflos ausginge. Straflosigkeit soll aber gerade nicht eintreten.

[54] Der Sachverhalt braucht hier nicht nachgeprüft zu werden, weil für den Untergebenen ein für allemal die Person des wirklichen Täters feststeht.

[55] So versuchen viele der befragten Soldaten, den Befehl im Torposten-Fall anders zu rechtfertigen, z. B. daß der OvD ja sowieso ein Festnahmerecht habe, weil die randalierenden Soldaten angetrunken seien.

[56] Deshalb sehen sich einige Autoren veranlaßt, eine Prüfungspflicht hinsichtlich des Sachverhaltes bzw. der Strafrechtswidrigkeit zu fordern, so z. B. *Stratenwerth*, S. 180; näheres unten bei der Prüfungspflicht, S. 90 ff.

lichkeit der Strafrechtswidrigkeit[57] vor? Entscheidend ist also, ob nach Ablauf dieses Prozesses der Überlegung noch der Tatbestand des § 5 WStG erfüllt ist. Oft wird der oben beschriebene Prozeß kategorisch als „Abschalten“ bezeichnet, als typischer Fall der „Rechtsblindheit“. So schreibt Maurach im Zusammenhang mit den Verbrechen unter dem sog. Kommissarbefehl vom 6. 6. 1941: „Dieses Abschalten mit dem Argument, ‚Der Führer wird schon recht haben, Befehle von oben sind auch in juristischer Hinsicht mit geprüft, also auch in völkerrechtlicher Hinsicht in Ordnung!‘ — das ist ein eklatanter Fall sog. Rechtsblindheit[58].“

Nach dieser Meinung sind die „Rechtsblinden“ zu bestrafen, weil ihnen das Unrecht ihrer Tat zumindest offensichtlich ist[59].

Anders jedoch der Einstellungsbeschluß der Staatsanwaltschaft München im sog. Defregger-Fall[60]:

Defregger, 1944 Hauptmann und Kommandeur einer Nachrichtenabteilung, war zur Last gelegt worden, damals in einem kleinen italienischen Abruzzendorf an der Erschießung von 17 italienischen Zivilisten mitgewirkt zu haben. In der rechtlichen Würdigung des Beschlusses der Staatsanwaltschaft wird festgestellt, es spreche vieles dafür, daß das Verhalten des Beschuldigten nach dem damaligen Kriegsvölkerrecht nicht geboten gewesen sei. Auf jeden Fall ständen ihm zwei Entschuldigungsgründe zur Seite: Er hätte sich glaubwürdig darauf berufen, daß er die schwierige Völkerrechtslage nicht gekannt, sich auf die Rechtskenntnisse seines Generals, eines Juristen, verlassen habe. Er habe keine Zweifel an der Rechtmäßigkeit des Befehls gehabt.

Hier ist von „Rechtsblindheit“ keine Rede. Ja gerade das „Abschalten“, die „Gewissensberuhigung“, führt zu seiner Entschuldigung. Legt man die o. a. Meinung zugrunde, hätte Defregger dem Vorgesetzten nicht nachgeben dürfen. Er hätte sein Gewissen wachhalten müssen. Weil er das nicht getan hat, handelte er „rechtsblind“. Wer aber rechtsblind handelt, dem ist die Strafrechtswidrigkeit seines Tuns offensichtlich. Diese Meinung käme somit zur Bestrafung, wollte man den heutigen § 5 WStG auf den Fall anwenden[61].

Dem muß folgendes entgegengehalten werden: Hat die Auseinandersetzung mit dem Vorgesetzten dazu geführt, daß der Untergebene sich aus *Überzeugung* dem Vorgesetzten beugt, weil er glaubt, der Vor-

---

[57] Abgesehen von einem evtl. Verbotsirrtum.

[58] *Maurach* in *Uhlig*, S. 342

[59] Gerade für die „Rechtsblinden“ ist die Vorschrift des § 5 WStG geschaffen; vgl. Erster Teil, S. 28.

[60] dpa-Meldung vom 18. 9. 1970.

[61] Im Defregger-Fall mußte aber von § 47 MStGB ausgegangen werden.

gesetzte habe doch recht, dann liegt keine „Kenntnis“ bzw. „Offensichtlichkeit“ mehr vor. Führt der Untergebene den Befehl daraufhin aus, so handelt er nicht „rechtsblind“, gerade weil er nicht „abgeschaltet“ hat. Er hat sich mit der Meinung des Vorgesetzten auseinandergesetzt, hat also seine Bedenken auszuräumen versucht, so wie es Defregger getan hat.

Das führt zu dem Ergebnis, daß ein Untergebener, der ursprünglich glaubte, daß der Vorgesetzte sich irrt, nach erfolglos erhobenen Gegenvorstellungen sich aber aus Überzeugung dem Vorgesetzten fügt, nicht bestraft werden kann. Dieses Ergebnis ist gerecht und billig.

Schwaiger[62] vertritt diese Lösung nur in den Fällen, in denen Untergebener und Vorgesetzter bzgl. des Sachverhaltes *genausoviel* wissen. Dann läßt er die Entlastungswirkung der beruhigenden Worte des Vorgesetzten eintreten, nicht dagegen, wenn der Untergebene *mehr* weiß.

Es ist aber nicht einzusehen, wieso ein Unterschied für den Fall gemacht werden soll, in dem der Untergebene zwar anfangs mehr weiß, die Kenntnis sich aber in Unsicherheit umgewandelt hat, die Endsituation also die gleiche ist.

In der gleichen Entscheidung[63] macht der BGH eine Einschränkung. Die Pflicht zur Gegenvorstellung könne jedenfalls nicht auf die Fälle erstreckt werden, in denen der Soldat einen solchen Irrtum tatsächlicher Art nur für *möglich*[64] hält oder in denen ihm sogar ein derartiger *Zweifel*, wenn auch mangels genügendem Nachdenken, überhaupt nicht kommt.

Diese Einschränkung ist nur für die zweite Alternative richtig. Dagegen muß bei der ersten Alternative eine Pflicht zur Gegenvorstellung gefordert werden. Wie Schwaiger[65] zutreffend ausführt, *erkennt*[66] hier der Untergebene, daß die unmittelbare Gefährdung und Verletzung wichtiger Rechtsgüter möglicherweise tatsächlich eintreten kann. Handelt hier der Untergebene ohne Gegenvorstellung und passiert etwas, so setzt er sich der Gefahr der Bestrafung aus, weil er *erkannt* hat, daß er ein Verbrechen oder Vergehen begehen kann[67].

---

[62] *Schwaiger*, Handeln auf Befehl, S. 45 Anm. 55 a; ähnlich wie im Text, *Schwaiger*, a.a.O., S. 59.
[63] BGHSt 19, 231 ff. (234).
[64] Aufgrund *konkreter* Anhaltspunkte.
[65] *Schwaiger*, Handeln auf Befehl, S. 44.
[66] Weil er dann ja einen Anhaltspunkt hat.
[67] *Schwaiger*, a.a.O., S. 42; wahrer Grund der Strafwürdigkeit des gem. § 5 WStG auf Befehl handelnden Untergebenen wegen „Erkennens“ des Verbrechens oder Vergehens sei also der „Handlungsunwert“ seines Tuns, nicht der Erfolgsunwert. Bestraft werde er also, weil er erkennt, daß der Erfolg möglich ist und in verbrecherischer Haltung entweder absichtlich, direkt vorsätzlich, bedingt vorsätzlich oder bewußt fahrlässig trotzdem handelt, sei es aus Berechnung oder Gleichgültigkeit oder Leichtsinn.

So ist der Untergebene im Gebirgsbach-Fall und im Zivilisten-Fall verpflichtet, Gegenvorstellungen zu erheben.

III. Die Prüfungspflicht des Untergebenen bei Befehlen, die ein Verbrechen oder Vergehen beinhalten

Bei den Ausführungen über die Pflicht zur Erhebung von Gegenvorstellungen klang schon die Problematik der Prüfungspflicht an. Im folgenden soll speziell zur Prüfungspflicht Stellung genommen werden.

1. Grundsätzliches

Prüfung dient der Beseitigung von Zweifeln zur Verschaffung von Kenntnis. Man hat gewisse Erwartungen von etwas, weiß aber noch nicht, ob sie tatsächlich erfüllt werden. Deshalb prüft man. Auch etwas Bekanntes kann geprüft werden, um sich zu vergewissern, ob es tatsächlich so ist, wie man es sich vorstellt. Prüfung ist also nur dann sinnvoll, wenn gewisse Zweifel bestehen oder umgekehrt, für eine Prüfung besteht dann kein Anlaß, wenn ein Ergebnis vollkommen klar ist, Kenntnis also bereits gegeben ist. Die Prüfung kann aber dann wieder einsetzen, wenn die Kenntnis oder Klarheit durch irgend etwas getrübt wird. Ist somit der Begriff der Prüfung in etwa umrissen, so fragt sich, wo eine Prüfung im Rahmen des § 5 WStG bzw. § 11 SG möglicherweise einzusetzen hat. Da ist zunächst der Sachverhalt. Der Untergebene klärt den Sachverhalt, prüft ihn, um sich sichere Kenntnis über einen zur Zeit noch zweifelhaften, tatsächlichen Umstand zu verschaffen. An die Sachverhaltsprüfung wird sich in der Regel eine rechtliche Wertung anschließen, mit anderen Worten, es wird geprüft, ob dieser Sachverhalt z. B. ein Verbrechen oder Vergehen, also schweres Unrecht, beinhaltet[68]. Schließlich ist noch an eine Gewissensprüfung[69] zu denken. Der Untergebene unterwirft sein Handeln einer Gewissenskontrolle, d. h., er prüft sein Gewissen, ob er die ihm anbefohlene Handlung mit seinem Gewissen vereinbaren kann. Es ist also eine Sachverhaltsprüfung, eine rechtliche Prüfung und eine Gewissensprüfung denkbar[70].

[68] Die Reihenfolge kann genausogut umgekehrt sein, d. h., die rechtliche Prüfung kann der Sachverhaltsprüfung vorausgehen.

[69] Vgl. *Kohlhaas*, WStG, § 22 Anm. 5: „normalerweise wird der Weigerung, da sie Ausnahme ist, immer ein eingehende soweit zeitlich mögliche Gewissensprüfung vorangehen müssen." Die Gewissensprüfung wird mit der Prüfung des Sachverhaltes und der Prüfung der Strafrechtswidrigkeit eng verbunden sein. Erster Anstoß für eine Prüfung in zweifelhaften Fällen ist das Gewissen. Erst das Gewissen läßt bestimmte Befehle in rechtlicher oder tatsächlicher Hinsicht bedenklich erscheinen. Dieser Umstand rechtfertigt es, die Gewissensprüfung im folgenden nicht gesondert anzuführen.

Wird dem Untergebenen nun eine Prüfungspflicht auferlegt, wobei zunächst völlig gleichgültig ist, ob sie hinsichtlich des Sachverhaltes oder der Rechtmäßigkeit bestehen soll, so stellt sich die Frage nach der strafrechtlichen Konsequenz einer Pflichtverletzung. Eine Pflicht ist dazu da, erfüllt zu werden. Deshalb steht grundsätzlich hinter einer jeden Pflichtverletzung eine Sanktion, um die Pflichterfüllung sicherzustellen. Bei § 5 WStG zöge indessen die Verletzung einer möglicherweise bestehenden Prüfungspflicht eine Bestrafung nicht direkt nach sich[71]. Wegen mangelnder Aufklärung könnte dem Untergebenen aber bei Ausführung des Befehls, der ein Verbrechen oder Vergehen zur Folge hat, der Vorwurf der Offensichtlichkeit gemacht werden. Dieser hat aber eine Bestrafung wegen des Deliktes zur Folge. Maßgeblich für die Ahndung wäre also nicht die Verletzung der Prüfungspflicht, sondern das endgültige Verhalten, die Ausführung.

2. Die Prüfungspflicht im einzelnen

Gem. § 5 Abs. 1 WStG kann ein Untergebener für eine auf Befehl begangene, mit Strafe bedrohte Handlung nur dann zur Verantwortung gezogen werden, „wenn es sich um ein Verbrechen oder Vergehen handelt und er dies erkennt oder es nach den ihm bekannten Umständen offensichtlich ist". Bestrafung kann nur bei Kenntnis oder Offensichtlichkeit des Verbrechens oder Vergehens erfolgen, wobei Kenntnis bzw. Offensichtlichkeit der Straftat hinsichtlich des Sachverhaltes *und* der rechtlichen Würdigung vorliegen muß[72]. Dem Untergebenen muß also aufgrund seines ihm bekannten oder ihm offensichtlichen Sachverhaltes die Strafrechtswidrigkeit seines Tuns bekannt oder offensichtlich sein, nämlich daß er bei Ausführung des Befehls ein Verbrechen oder Vergehen begeht. Aus dieser Regelung (§ 5 WStG bzw. § 11 SG) folgert die h. M.[73], daß dem Untergebenen keine Prüfungspflicht auferlegt sei,

[70] Ob die drei Arten von Prüfung in jedem erforderlich werden und, falls ja, in welcher Reihenfolge sie angestellt werden, soll hier nicht näher untersucht werden.

[71] Anders jedoch z. B. beim übergesetzlichen rechtfertigenden Notstand. Dort verlangt die Rspr. als zusätzliches Rechtfertigungselement, daß der Täter gewissenhaft prüft, ob ein Widerstreit rechtlich geschützter Güter vorliegt, der nur durch Verletzung des einen Gutes gelöst werden kann. So z. B. BGH NJW 1951, 770; BGHSt 2, 114; BGHSt 3, 9. Unterläßt der Täter die Prüfung, so soll seine Rechtfertigung entfallen. Anders jedoch z. B. *Schönke/Schröder*, § 51 Vorbemerkung Rdnr. 59, *Lenckner*, H.-Mayer-Festschrift, S. 173, die die Rechtfertigung auf die objektive Lage abstellen.

[72] Vgl. *Schwaiger*, NZWehrr 1961, S. 64 ff. *Schwaiger* hat den Anwendungsbereich des § 5 WStG als erster präzis bestimmt.

[73] Z. B. *Scherer*, SG, § 11 Anm. IV 2 b; *Rittau*, WStG, § 5 Anm. 4, und SG, § 11, 5 I; *Arndt*, Grundriß, S. 114 und 118; *Jescheck*, Befehl, S. 76. *Rittau*, a.a.O., begründet den Verzicht auf die Prüfungspflicht damit, daß er, der Untergebene, sonst überfordert würde: „Er muß ja damit rechnen, daß er bei Nichtausführung des Befehles sein Leben verwirkt (vgl. § 10 Abs. 5 S. 2 SG)."

weder bezüglich des Sachverhaltes noch bezüglich der Rechtswidrigkeit[74]. Denn wenn der Untergebene für sein Handeln nur dann verantwortlich sei, wenn er erkennt oder nach den ihm bekannten Umständen ihm offensichtlich[75] ist, daß es sich um ein Verbrechen oder Vergehen handelt, dann brauche er nichts nachzuprüfen. In diesen Fällen springe ihm das Unrecht ohne weitere Erwägungen ins Auge[76].

Die h. M. kann in klaren Fällen zu gerechten Ergebnissen führen, weil dort der Verbrechens- oder Vergehenscharakter tatsächlich und rechtlich zumindest offensichtlich, wenn nicht sogar bekannt ist, eine Prüfung insoweit also nicht erforderlich ist. Bei zweifelhafter Sach- oder Rechtslage kann sich aber der Ausschluß einer Prüfungspflicht nachteilig auswirken, so vor allem beim „gefährlichen" Befehl. Hier weiß der Untergebene nicht genau, ob ihn bei Eintritt des ihm als möglich erscheinenden Erfolges ein Schuldvorwurf trifft.

a) Die Sachverhaltsprüfung

Führte die h. M. zu einem umfassenden Ausschluß der Prüfungspflicht, so unternimmt Schwaiger[77] den Versuch, für eine bestimmte Fallgruppe eine *Aufklärungs*pflicht[78] zu begründen: „Der Untergebene A erhält auf dem Rückzug den Befehl, ein Holzhaus mit Benzin in Brand zu stecken. Er hält es dabei aufgrund konkreter Anhaltspunkte[79] für möglich, daß sich noch ein Zivilist im Haus befindet[80]. ... A zündet das Haus an, ... obwohl er es für möglich hält, daß er einen Menschen tötet ..." Wenn tatsächlich ein Zivilist sich im Haus befindet und getötet wird, dann sei A wegen Totschlages zu bestrafen, da er die Verbrechensbegehung gem. § 5 WStG (bedingt vorsätzlich) erkannt hat.

Dem Untergebenen sei in einem solchen Falle zuzumuten, den Befehl bis zur Klärung der Frage, ob ein Mensch durch die Ausführung gefährdet wird, nicht zu befolgen. Denn es ließe sich im Normalfall keine

---

Noch weiter geht *Jescheck*, Befehl, S. 81, der dem Untergebenen das *Recht* zur Prüfung abspricht, „denn aus der Forderung nach ‚unverzüglicher' Ausführung ergibt sich, daß der Untergebene an und für sich sofort zu handeln hat."

[74] Dieser umfassende Ausschluß der Prüfungspflicht muß aus der fehlenden Differenzierung zwischen Sachverhalt und Rechtswidrigkeit geschlossen werden.

[75] *Arndt*, a.a.O., S. 118: „Bloße Zweifel des Untergebenen sind unschädlich, weil er keine Prüfungspflicht hat und der Vorgesetzte die Verantwortung."

[76] *Scherer*, a.a.O.: „Zu erkennen, was als verbrecherisch einem Befehl auf der Stirn geschrieben steht, bedarf es keiner Prüfung."

[77] *Schwaiger*, Handeln auf Befehl, S. 42 ff.

[78] Wobei diese Aufklärungspflicht einer Prüfungspflicht gleichzusetzen ist.

[79] Z. B. aufgrund eines menschenähnlichen Schreies.

[80] Im folgenden Holzhaus-Fall genannt.

Rechtfertigung dafür finden, im obigen Fall den Befehl auszuführen, ohne sich vorher auf die konkrete Anhaltspunkte hin vergewissert zu haben, ob keine Menschenleben gefährdet werden. Es erscheine als durchaus angebracht, daß der Untergebene, auch wenn er auf Befehl handelt, wie jeder andere als selbstverantwortlicher Mensch sich verhält und die Sachlage *aufklärt,* ehe er den Befehl befolgt[81]. Allerdings solle dadurch eine selbständige allgemeine Prüfungspflicht der Rechtmäßigkeit jeden Befehls nicht statuiert werden[82]. Eine Aufklärungspflicht bzw. Prüfungspflicht des Sachverhaltes erscheint in diesen Fällen für durchaus angemessen. Hätte der Untergebene in dieser Situation nicht die Pflicht, ohne weiteres behebbare Zweifel hinsichtlich des Sachverhaltes zu beseitigen, dann könnte er *gewissenlos* handeln. Er könnte „abschalten“. Zwar träfe ihn dann bei Erfolgseintritt vielleicht ein strafrechtlicher Vorwurf, da für ihn bei Ausführung die Begehung eines Verbrechens oder Vergehens *offensichtlich* war[83]. Mit einer Bestrafung wird aber weder der Erfolg verhindert noch ist dem Untergebenen damit geholfen. Bei Weigerung würde zwar der Erfolg ausbleiben, für den Untergebenen wäre dieses Vorgehen aber nicht ungefährlich, wenn der befürchtete Erfolg nicht eingetreten sein würde. Dann droht dem Untergebenen eine Bestrafung wegen Ungehorsams. Straflos könnte er nur noch über die Regelung des § 22 Abs. 2 WStG ausgehen. Diese Unsicherheit könnte durch eine Prüfungspflicht beseitigt werden, die sich auf den Sachverhalt erstreckt und den Soldaten zur Aufklärung zwingt. Aber auch schon um den Vorwurf zu entgehen, trotz Offensichtlichkeit des Verbrechens oder Vergehens den Befehl ausgeführt zu haben, muß der Untergebene nachprüfen[84]. Eine Prüfungspflicht muß also immer dann gegeben sein, wenn eine unterlassene Prüfung zu Lasten des Untergebenen geht. Hier handelt es sich also nicht um eine lästige Pflicht, sondern die Erfüllung der Pflicht dient dem Schutz des Soldaten.

Natürlich wird man einwenden, damit sei der Soldat überfordert[85]. Es muß zugegeben werden, daß eine Prüfungspflicht viel mehr verlangt als kritiklose Ausführung. Die Gefahr einer Überforderung wird aber durch eine sinnvolle Grenzziehung verhindert. Die Grenze der Prüfungs-

---

[81] *Schwaiger,* a.a.O., S. 43 Anm. 52; die Aufklärung der Sachlage entfalle aber in sehr seltenen Ausnahmefällen, „etwa, wenn äußerst wichtige u. U. kriegsentscheidende Geheimdokumente in dem Haus aufbewahrt sind und der Feind schon sehr nahe ist, daß keine Zeit mehr bleibt, um in der Hütte nach Zivilisten zu sehen.“

[82] *Schwaiger,* a.a.O., S. 44.

[83] Außer wenn er schon dadurch gerechtfertigt ist, daß z. B. die Vernichtung der Geheimdokumente höher wiegt als das Menschenleben (so *Schwaiger,* a.a.O.). Aber gerade das kann der Untergebene in der konkreten Situation nicht beurteilen und wird ihm bei seiner Entscheidung wenig helfen können.

[84] So auch *Flütsch,* S. 84, in Anlehnung an *Nanz,* S. 88.

[85] *Stratenwerth,* Verantwortung und Gehorsam, S. 180.

pflicht hinsichtlich des Sachverhaltes liegt bei der Aufklärungsmöglichkeit. Unmöglichkeit der Aufklärung führt zum Ausschluß einer Prüfungspflicht.

b) Die Rechtmäßigkeitsprüfung

Wenn aber behebbare Zweifel hinsichtlich des Sachverhaltes zu einer Prüfungspflicht führen, so fragt es sich, ob nicht auch dann eine Prüfungspflicht gegeben sein muß, wenn es sich um behebbare Zweifel hinsichtlich der Strafrechtswidrigkeit handelt. Stratenwerth hält zwar die rechtliche Wertung für einen möglichen Ansatzpunkt für eine Prüfungspflicht: „Der Untergebene soll prüfen, ob die ihm anbefohlene Handlung, *wenn* sie sich nach seiner Kenntnis des Sachverhaltes als ungerechtfertigt darstellt, dem *Straf*gesetz zuwiderläuft; bei sonstigen rechtlichen Zweifelsfragen hat er zu gehorchen. *Die Prüfungspflicht betrifft also nur die rechtliche Wertung des Sachverhaltes, niemals den Sachverhalt selbst*“[86]. Stratenwerth meint jedoch, die Prüfungspflicht sei für die Strafrechtswidrigkeit befehlsgebundenen Handelns ohne Bedeutung. Kenne der Untergebene die tatsächlichen Umstände nicht, aus denen sich die Rechtswidrigkeit der befohlenen Handlung im Einzelfall ergibt, so habe er auch keine Prüfungspflicht; für den Vorwurf mangelnder Sorgfalt fehle dann jede Grundlage. Kenne der Untergebene aber jene tatsächlichen Umstände, so werde ihm nicht vorgeworfen, eine — nicht bestehende — Pflicht zur Prüfung des Sachverhaltes vernachlässigt zu haben, sondern trotz seiner Kenntnis des Sachverhaltes gehandelt zu haben[87]. Stratenwerth kommt zu dem Ergebnis: *„Der Gehorsamspflichtige handelt nur dann strafrechtswidrig, wenn er den Sachverhalt positiv kennt, der die von ihm vollzogene straftatbestandsmäßige Handlung als rechtswidrig erscheinen läßt“*[88].

Gegen diese Lösung ist grundsätzlich nichts einzuwenden. Fraglich ist jedoch, ob sich aus der Kenntnis des Sachverhaltes die Kenntnis der Strafrechtswidrigkeit so ohne weiteres ergibt, wie wohl den Ausführungen Stratenwerths zu entnehmen ist. Hier besteht der leise Verdacht, daß von einem „abstrakten Menschenbild“ ausgegangen wird[89]. Bei diesem „abstrakten“ Menschen wird der Mechanismus vorausgesetzt: Kenntnis des Sachverhaltes → Kenntnis der Strafrechtswidrigkeit. Indessen sind durchaus Fälle denkbar, in denen dieser Mechanismus gestört ist oder aber überhaupt nicht funktioniert, wie z. B. im Defregger-Fall und im Torposten-Fall. Hier führt die genaue Kenntnis der Sachverhaltes nicht zur klaren Kenntnis der Strafrechtswidrigkeit. Viel-

---

[86] *Stratenwerth*, a.a.O.

[87] *Stratenwerth*, a.a.O.

[88] *Stratenwerth*, a.a.O.

[89] Vgl. dazu insbesondere S. 96 ff. im Text.

mehr ist es umgekehrt. Die klare Kenntnis des Sachverhaltes macht die Zweifel hinsichtlich der Rechtmäßigkeit des Befehls erst möglich. Vorausgesetzt, die Untergebenen kennen die rechtliche Regelung über unverbindliche Befehle[90]. Warum sollen sie dann nicht verpflichtet sein, den ihnen bekannten Sachverhalt an der ihnen bekannten Regelung zu überprüfen?

Der Untergebene muß bei rechtlichen Zweifelsfragen verpflichtet sein, die Möglichkeiten zur Aufklärung unter den gegebenen Umständen zu erschöpfen. Je mehr Zeit zwischen der Befehlserteilung und Befehlsausführung liegt, desto größere Möglichkeiten hat der Untergebene, den Befehl zu überprüfen. Kommt er trotz Ausschöpfung der ihm zur Verfügung stehenden Mittel zu keinem eindeutigen Ergebnis hinsichtlich der Weigerung, dann kann er den Befehl getrost ausführen. Für ihn ist der Befehl dann nicht offensichtlich rechtswidrig. Eine Bestrafung kann nicht erfolgen.

Das zeigt sich besonders klar beim Defregger-Fall. Defregger wußte, daß er Geiseln, unschuldige Zivilisten, erschießen lassen sollte. Ihm kamen Bedenken rechtlicher Art. Er überprüfte die völkerrechtliche Lage. Nach Ausschöpfung seiner Prüfungsmöglichkeiten, u. a. der Befragung seines Befehlsgebers, einem Rechtskenner, erschien Defregger der Befehl für rechtmäßig, der Befehl war für ihn also nicht offensichtlich rechtswidrig.

Aus all diesem folgt: Ist der Sachverhalt klar, jedoch fragwürdig, ob die Ausführung des Befehls strafrechtswidrig ist, so ist der Untergebene verpflichtet, die Rechtslage zu prüfen, insoweit ihm dies möglich ist.

Der Defregger-Fall liefert aber noch ein weiteres Argument für die Pflicht zur Prüfung der Strafrechtswidrigkeit in diesen Fällen.

Ein *unvermeidbarer* Verbotsirrtum wird nur dann gegeben sein, wenn der Untergebene alles Erdenkliche unternommen hat, um das Unrechtmäßige der Tat zu erkennen[91]. Er geht also nur dann straffrei aus, wenn er die vorhandenen Möglichkeiten der Erkenntnis erschöpft hat. Vorgeworfen wird dem Untergebenen beim *vermeidbaren* Verbotsirrtum, er habe trotz Möglichkeit des Erkennens des Unrechts, diese Möglichkeit sich nicht nutzbar gemacht. Indirekt wird dadurch dem Untergebenen eine Prüfung auferlegt. Kommt er nämlich aufgrund der Ausschöpfung seiner Prüfungsmöglichkeiten zu dem Ergebnis, der Befehl müsse ausgeführt werden, dann wird der Verbotsirrtum in der Regel unvermeidbar sein[92].

---

[90] Daß diese Kenntnis nicht immer vorhanden ist, beweist die Auswertung der Fragen 1 und 2, siehe S. 45 ff.

[91] Vgl. *Schönke/Schröder*, § 59 Anm. 88.

[92] Bei den obigen Ausführungen wurde stillschweigend davon ausgegangen,

Eine dritte Ansatzmöglichkeit für eine Prüfungspflicht ergibt sich aus der Kombination der vorangegangenen Fall-Gestaltungen. Es ist durchaus denkbar, daß ursprünglich Zweifel hinsichtlich des Sachverhaltes vorliegen, diese nach Aufklärung aber beseitigt werden können, der Sachverhalt also nun feststeht. Jetzt können aber wiederum Zweifel hinsichtlich der rechtlichen Regelung auftauchen. Als Beispiel sei erneut der Holzhaus-Fall herangezogen. Gehen wir davon aus, daß A sich durch eine Untersuchung vergewissert hat, daß im Haus ein Mensch ist. Nun kommen ihm Zweifel, ob er vielleicht nicht doch den Befehl aus irgendwelchen rechtlichen Gründen ausführen muß. Auch hier muß der Untergebene versuchen, seine rechtlichen Zweifel zu beseitigen, soweit er dazu in der Lage ist.

3. Praktische Konsequenzen

Eine Prüfungspflicht bei Befehlen, die tatsächlich *oder* rechtlich und die tatsächlich *und* rechtlich zweifelhaft sind, verhindert ein gewissenloses Handeln des Untergebenen. Der Untergebene weiß, daß er nicht „abschalten" darf. Er trägt echte Mitverantwortung[93].

---

daß die Grundsätze über den Verbotsirrtum zur Anwendung kommen. Indessen ist dies insbesondere beim Irrtum über das Rangverhältnis der Gehorsamspflicht im Verhältnis zu den allgemeinen Rechtspflichten zweifelhaft, z. B., wenn der Untergebene trotz Kenntnis des Verbrechens glaubt, gehorchen zu müssen. Die h. M. ordnet diesen Irrtum als allgemeinen Verbotsirrtum ein. Der Irrtum „wird angesichts der dem Soldaten bekannten klaren gesetzlichen Regelungen regelmäßig vorwerfbar sein" (*Schwenck*, a.a.O., § 5 WStG 2/9; *Kohlhaas*, WStG, § 5 Anm. 5; *Arndt*, Grundriß, S. 119; BGHSt 3, 271 und 22, 223; *Jescheck*, Lb, S. 327; vgl. demgegenüber die Auswertung der Fragen 1 und 2, S. 45 ff.). Nun wird aber auch die Meinung vertreten (*Dreher-Lackner-Schwalm*, WStG, § 5 Anm. 8, und *Schwaiger*, Der Anwendungsbereich des § 5 WStG, NZWehrr 1961, S. 64, und Handeln auf Befehl, S. 46 ff.; vgl. auch S. 89 Anm. 72), daß für diesen Irrtum auch der Maßstab der Kenntnis bzw. der Offensichtlichkeit maßgeblich ist. Das würde bedeuten, „daß die Schuld des Untergebenen auch dann ausgeschlossen ist, wenn er schuldhaft glaubt, ein Befehl rechtfertige oder entschuldige für den Untergebenen schlechthin jedes Tun" (*Dreher*, a.a.O.), außer wenn ihm das Gegenteil offensichtlich ist. Dann würde der § 5 WStG über den Schuldausschließungsgrund des Verbotsirrtums hinausgehen (*Dreher*, a.a.O.). Es ist nicht einzusehen, daß ausgerechnet bei dem oben angeführten Irrtum der § 5 Abs. 1 WStG nicht zur Anwendung kommen soll, wenn doch in allen anderen Fällen die Kenntnis bzw. Offensichtlichkeit Voraussetzung für die Schuld ist. Dieser Irrtum unterscheidet sich insofern nämlich nicht von den übrigen, als der Untergebene im Ergebnis ebenso wie bei einem Irrtum über einen anerkannten Rechtfertigungsgrund glaubt, den Befehl ausführen zu müssen. Die Meinungen führen indessen in krassen Fällen zum gleichen Ergebnis. In der Entscheidung BGHSt 22, 223 ff. nimmt der BGH vermeidbaren Verbotsirrtum an. *Dreher* würde hier wohl Offensichtlichkeit der Strafrechtswidrigkeit annehmen, so daß beide zur Bestrafung kommen.

[93] Vgl. *Lammich*, Befehl ohne Gehorsam, NZWehrr 1970, S. 53, der allerdings eine uneingeschränkte Prüfungspflicht fordert, wenn er, im Zusammenhang mit dem Gehorsamsbegriff für den Untergebenen in § 11 SG, schreibt: „Er (der Gehorsamsbegriff) verlangt vom Untergebenen, daß er letztlich einen

Fraglich ist aber, ob diese Prüfungspflicht des Untergebenen nicht zu einer Gefährdung der Disziplin führt, indem „die Autorität der befehlenden Stelle und damit schon die Grundlage der Gehorsamspflicht“[94] geleugnet wird. Außerdem besteht vielleicht die „Gefahr einer Verzögerung oder Vereitelung des Vollzugs“[95] des Befehls.

Worin sollte aber die Leugnung der Autorität durch eine Prüfungspflicht liegen? In der Mißachtung des befehlenden Vorgesetzten?

Indessen bedeutet die kritische Haltung, die die Prüfungspflicht verlangt, nicht unbedingt Kritik am Vorgesetzten[96]. Vielmehr legt der Untergebene durch seine Kritik Rechenschaft vor sich selbst ab. Diese Form der Selbstkritik ist erforderlich, daß der Soldat mitverantwortlich handeln kann. Es ist zuzugeben, daß insbesondere die als unberechtigt sich herausstellende Kritik eine Gefährdung der Disziplin zur Folge haben kann. Sie muß es aber nicht. Selbst wenn sie es hat, ist zu erwägen, ob eine im Einzelfall unberechigte Kritik nicht hingenommen werden sollte, wenn dadurch die kritiklose Ausführung zweifelhafter Befehle verhindert werden könnte. Kritiklose Ausführung zweifelhafter Befehle kann verheerende Auswirkungen haben. Das zeigt das Iller-Unglück aus dem Jahre 1957. Zwei Jahre lang haben die verschiedenen Untergebenen die Iller durchquert, obwohl es ihnen äußerst gefährlich erschien, bis es plötzlich zu dem Unglück kam. Schon in den früheren Situationen hätte eine gewissenhafte Prüfung zur Weigerung führen können.

Auch steht einer Prüfungspflicht nicht entgegen, daß nach Befehlserteilung schnell gehandelt werden muß. Schnelles Handeln schließt Prüfungs- bzw. Kritikmöglichkeit nicht aus. Es setzt aber eine ausgeprägte Kritikfähigkeit voraus. Nur wem die Kritik in Fleisch und Blut

---

jeden empfangenen Befehl einer Prüfung unterzieht, der sich an den objektiven Gegebenheiten oder objektiv fixierten Normen zu orientieren hat.“ — „All diesen, sich aus dem Gesetz ergebenden Prüfungs*pflichten* kann aber der Untergebene nur dann gerecht werden, wenn er grundsätzlich einen ihm erteilten Befehl auf seine Gültigkeit überprüft.“ (Hervorhebung vom Verfasser).

[94] *Stratenwerth*, S. 178.

[95] *Stratenwerth*, a.a.O.

[96] So sind auch im Weißbuch 1970, S. 124 f., die Worte zu finden: „Diskussion unter Soldaten und Gehorsam schließen einander nicht aus; sie ergänzen sich vielmehr.“ Dabei könne grundsätzlich alles diskutiert werden mit einer einzigen Ausnahme: „Der Gehorsam gegenüber dem GG und der verfassungsmäßigen Bundesregierung, der Gehorsam gegenüber den Gesetzen, die auf dem GG beruhen und der Gehorsam gegenüber Befehlen, die auf dieser Basis gegeben worden sind, kann nicht zur Diskussion stehen.“ — So richtig die grundsätzliche Anerkennung der Diskussion ist, so zweifelhaft erscheint die Einschränkung bei Befehlen. Versteht man nämlich unter Diskussion auch Gegenvorstellungen des Untergebenen, sei es aufgrund ins Auge springender Zweifel, sei es aufgrund vorangegangener Prüfung, so ist nicht einzusehen, wie so ein so wichtiger Prozeß ausgeschaltet sein soll.

übergegangen ist, der wird auch in schwierigen Situationen kritisch sein können. Hier werden hohe Anforderungen gestellt, die aber erlernbar sind. Diese hohen Anforderungen müssen verlangt werden, damit der Soldat seinen Aufgaben gerecht werden kann.

Auf diese Weise erhält Disziplin eine andere Bedeutung. Es ist nicht mehr die straffe militärische Disziplin, die Kritik notwendigerweise nicht zuließ[97].

IV. Schuldvorwurf und Strafe bei abweichendem Verhalten

Bei den erfolglos erhobenen Gegenvorstellungen zeigte sich, daß den Untergebenen nur selten ein Schuldvorwurf treffen wird, weil er in der Regel das schwere Unrecht nicht erkennt bzw. es ihm nicht offensichtlich ist. Aber selbst wenn der Untergebene das Unrecht erkennt, trifft ihn dann ohne weiteres ein Schuldvorwurf?

1. Das Experiment „Abraham"

Untersuchungen des Max-Planck-Institutes für Psychiatrie in München im März 1970[98] lassen zumindest einen solchen Schluß zweifelhaft erscheinen. In einer Versuchsreihe wollte man den menschlichen Gehorsam testen. Dabei interessierte das Problem: Wenn X Y aufträgt, Z zu verletzen, unter welchen Bedingungen wird dann Y den Befehl von X ausführen und unter welchen Bedingungen wird er sich weigern[99, 100]?

„Das Max-Planck-Institut hatte 100 Männer — Ingenieure, Beamte, Studenten, Familienväter, Gammler — aufgefordert, an einem als Lehrexperiment getarnten Versuch über den menschlichen Gehorsam mitzuarbeiten. Einem im Nebenraum sitzenden ‚Schüler', der falsche Antworten gab, wurden Stromstöße in immer höherer Spannung versetzt, von denen die ‚Lehrer' wußten, daß sie äußerst schmerzhaft seien. Trotz

[97] *Roghmann/Sodeur*, Führerschaft im Militär, S. 223: „Der Wandel der Technologie der Kriegsführung ... hat die alten scharfen Auffassungen von militärischer Disziplin weitgehend überflüssig gemacht ... Die traditionelle Kommandostruktur des Militärs wird immer mehr durch Techniken der Autoritätsausübung verdrängt, die auch in der Industrie üblich sind." Vgl. dazu auch das Weißbuch 1970, a.a.O.

[98] In Zeitmagazin, Beilage zur „Zeit" vom 2. 10. 1970, „Das Opfer schrieb mit". Das Experiment wird auch „Abraham" genannt.

[99] Dieses Experiment ist eng an die Versuchsreihe von Stanley *Milgram* Anfang der 60er Jahre in den USA angelehnt; vgl. *Milgram*, Einige Bedingungen des „Autoritätsgehorsams" und seiner Verweigerung, in der Schriftenreihe für politische Psychologie, Bd. 6, Die politische und die gesellschaftliche Rolle der Angst.

[100] *Milgram*, a.a.O., S. 170.

der lauten Schreie des Opfers, trotz seines Flehens aufzuhören, trotz seines plötzlichen Verstummens führten 85 % der Strafenden das Experiment zu Ende — von 15 bis 450 Volt. Sie gehorchten der stereotypen Aufforderung des Experimentleiters: ‚Machen Sie weiter'"[101]. 52 % straften weiter, obwohl ihnen die Möglichkeit eröffnet wurde aufzuhören. 74 % lehnten die Verantwortung für ihr Handeln ab. Dieser Prozentsatz ist ähnlich hoch wie im Torposten-Fall (dort glaubten 64 %, keine Verantwortung tragen zu müssen).

2. Vergleich mit der Befehlssituation des Untergebenen

Dieses Experiment weist einige Parallelen zu bestimmten Befehlssituationen auf, in denen sich der Untergebene öfters befinden kann[102]. Dem Untergebenen wird ein Befehl erteilt, den er zumindest nach Ansicht des Vorgesetzten befolgen soll, genau wie der Versuchsleiter dem „Lehrer" gegenüber. Auch die Motivation ist ähnlich. Der „Lehrer" glaubt, für das Max-Planck-Institut zu arbeiten, für eine größere Institution, der Soldat glaubt, es im Rahmen seiner Wehrpflicht[103] tun zu müssen.

Dagegen ergeben sich zwei grundlegende Unterschiede. Einmal hat der militärische Vorgesetzte in der Regel einen Anspruch auf Gehorsam. So muß der Untergebene im Zivilisten-Fall z. B. den Befehl ausführen, ob er will oder nicht. Demgegenüber hat der „Lehrer" jederzeit die Möglichkeit aufzuhören, zumindest dann, wenn er ausdrücklich auf diese Möglichkeit hingewiesen wird[104]. Zum anderen hat der Vorgesetzte wegen seines Anspruches auf Gehorsam Sanktionsmöglichkeiten. Im Falle der Weigerung muß der Untergebene mit harten Maßnahmen rechnen, nicht zuletzt mit der Bestrafung wegen Ungehorsams. Demgegenüber können dem „Lehrer" keinerlei Nachteile entstehen, wenn er seine Mitwirkung am Experiment versagt. Höchstens lastet auf ihm seelischer Druck dadurch, daß er sich freiwillig zur Verfügung gestellt hat und nun den Versuchsleiter nicht enttäuschen oder das Experiment nicht „verraten" will. Zeigt sich bei dem „Lehrer" schon eine extrem gehorsamsfreudige Haltung, so begünstigen die äußeren Umstände, Anspruch auf Gehorsam und Möglichkeit der Anwendung von Sanktionen, den Gehorsam des militärischen Untergebenen noch mehr.

---

[101] Diese plastische Schilderung des Sachverhaltes findet sich in FAZ vom 3. 10. 1970.

[102] Vgl. insbesondere den Torposten-, Gebirgsbach- und Zivilisten-Fall.

[103] Also letztlich für die Bundeswehr.

[104] Wird er nicht auf diese Möglichkeit hingewiesen, dann hat er genau wie der Soldat auch keine echte Alternative.

3. Strafrechtliche Konsequenzen

Viele „Lehrer“ wollten das Opfer wirklich nicht schocken und empfanden die Aufgabe als äußerst unangenehm, aber sie kamen nicht auf eine Reaktion, die sie von der Autorität des Versuchsleiters befreit hätte. Viele Versuchspersonen waren unfähig, eine angemessene Formulierung zu finden, mit der sie die ihnen vom Versuchsleiter zugewiesene Rolle hätte zurückweisen können. Milgram vermutet, daß unsere Kultur vielleicht keine geeigneten Modelle der Gehorsamsverweigerung liefert[105]. Die Gehorsamshörigkeit sei nicht so sehr durch den Charakter bedingt, sondern hänge vielmehr von der jeweiligen Situation ab. Irgendwie werde die Versuchsperson in eine Situation verwickelt, aus der sie sich nicht frei machen kann[106].

Beherrscht die Befehlssituation den Menschen aber so sehr, daß seine Persönlichkeit auf seine Handlungsweise nahezu ohne Einfluß ist, so stellt sich die Frage nach der strafrechtlichen Schuld und somit Strafe für den Fall, daß die anbefohlene Handlung zu einer Straftat des Befehlsempfängers führt.

Nach dem heutigen „normativen Schuldbegriff“ wird Schuld als „Vorwerfbarkeit“ verstanden. „Mit dem Unwerturteil der Schuld wird dem Täter vorgeworfen, daß er sich nicht rechtmäßig verhalten, daß er sich für das Unrecht entschieden hat, obwohl er sich rechtmäßig verhalten, sich für das Recht hätte entscheiden können. Der innere Grund des Schuldvorwurfes liegt darin, daß der Mensch auf freie, verantwortliche, sittliche Selbstbestimmung angelegt und deshalb befähigt ist, sich für das Recht und gegen das Unrecht zu entscheiden, sein Verhalten nach den Normen des rechtlichen Sollens einzurichten und das rechtlich Verbotene zu vermeiden, sobald er die sittliche Reife erlangt hat und solange die Anlage zur freien sittlichen Selbstbestimmung nicht durch die in § 51 StGB genannten krankhaften Vorgänge vorübergehend gelähmt oder auf Dauer zerstört ist“[107].

Hier wird der Mensch aufgrund einer idealistischen Konzeption als „abstraktes Subjekt“ und „isoliertes Individuum“ begriffen[108], bei dem die Fähigkeit eines Anders-Handeln-Könnens notwendig vorausgesetzt wird, wobei diese Fähigkeit im Zeitpunkt der Tat gegeben sein muß (daher auch die Bezeichnung „Einzeltatschuld“). Diesem „abstrakten“

---

[105] *Milgram*, a.a.O., S. 183.

[106] *Milgram*, a.a.O., S. 183 und S. 190: „Eine Situation übt einen bedeutenden Druck auf das Individuum aus. Sie zwingt, und sie kann vorwärtstreiben. Unter gewissen Umständen bestimmt die Handlung eines Mannes nicht so sehr die Natur seiner Persönlichkeit als vielmehr die Art der Situation, in die er gestellt ist.“

[107] BGHSt 2, 200 f.

[108] Vgl. *Maihofer*, Menschenbild, S. 8.

Menschen stellt Maihofer den „konkreten, vergesellschafteten" Menschen gegenüber, aufgrund der Erkenntnis, daß der Mensch ein Wesen ist, „das in allem was es ist und treibt, unaufhebbar und unauflösbar Subjekt-Objekt ist und somit in jeder Lebensrolle und -lage ebenso von der *Objektivität der Situation* wie von der *Subjektivität der Person* her konstituiert wird in seinem Sein wie in seinem Bewußtsein"[109]. Nicht die Einzeltatschuld des Täters zur Tatzeit sei maßgeblich, sondern die sog. Dispositionsschuld, „die jemand nach seinen mit bestimmten Anderen vergleichbaren, von bestimmten Anderen dagegen nach dem persönlichen Lebensweg verschiedenen gesellschaftlichen Lebensumständen auf sich lädt, dadurch, daß er das ‚Unerlaubte seiner Tat' nicht erkennt, obwohl er dies nach seiner *sozialen Disposition* ‚eigentlich' hätte erkennen können"[110]. Daraus folgert Maihofer: „Wir können einen Menschen weder schuldig sprechen, wenn ihm *von seiner Natur* her die Voraussetzungen fehlten, die *soziale Disposition* zu erwerben oder zu bewahren (wie beim Geisteskranken), noch wenn ihm *von seiner Gesellschaft her* die Voraussetzungen fehlten, diese *soziale Disposition* überhaupt zu erwerben ... oder wirklich zu bewahren"[111].

Dagegen läßt es Schmidhäuser[112] für die strafrechtliche Schuld genügen, daß rechtsgutverletzendes geistiges Verhalten vorliegt. Mit Schuld sei gemeint, daß der Täter das durch sein Willensverhalten verletzte Rechtsgut auch geistig nicht ernstgenommen hat. Schmidhäuser fragt nicht danach, ob der Täter in dieser Situation den verletzten Wert hätte geistig ernstnehmen können, sondern nur danach, „ob der Täter in Beziehung auf seine unrechte Tat geistigen Kontakt mit dem Wert hatte"[113,114].

Sowohl eine „Einzeltatschuld" als auch eine „Dispositionsschuld" wird man in den oben beschriebenen Befehlssituationen verneinen müssen[115],

---

109 *Maihofer,* a.a.O., S. 12 f.

110 *Maihofer,* a.a.O., S. 15.

111 *Maihofer,* a.a.O., S. 15 Anm. 25.

112 *Schmidhäuser,* Kap. 10/4, S. 285.

113 *Schmidhäuser,* Kap. 6/24, S. 123.

114 Damit nähert sich *Schmidhäuser* dem als überwunden geltenden „psychologischen Schuldbegriff", wonach Schuld jene subjektive Beziehung des Täters zu dem eingetretenen rechtswidrigen Erfolg ist, an welche die rechtliche Verantwortlichkeit geknüpft ist (so *v. Liszt,* Lb., 8. Aufl. 1897, S. 154; ebenso *Löffler,* Schuldformen, S. 5).

115 Im Ansatz ähnlich der BGH im sog. Staschynski-Urteil (BGHSt 18, 87 ff.): „Anders (als bei willentlichem Nachgeben) kann es rechtlich jedoch bei denen liegen, die solche Verbrechensbefehle mißbilligen und ihnen widerstreben, sie aber gleichwohl aus menschlicher Schwäche ausführen, weil sie der Übermacht der Staatsautorität nicht gewachsen sind und ihr nachgeben, weil sie den Mut zum Widerstand oder die Intelligenz zur wirksamen Ausflucht nicht aufbringen, sei es auch, daß sie ihr Gewissen vorübergehend durch politische Parolen zu beschwichtigen und sich vor sich selbst zu recht-

wenn es richtig ist, daß unsere Kultur uns keine geeigneten Modelle der Gehorsamsverweigerung liefert. Wendet man aber die Grundsätze des Schmidhäuserschen Schuldbegriffes auf das Experiment „Abraham" an, so ergibt sich folgendes:

Die Verletzung des Rechtgutes besteht in der körperlichen Mißhandlung des „Schülers". Der „Lehrer" weiß, daß er den „Schüler" quält, trotzdem fügt er seinem Opfer die Schmerzen zu. Zeigt sich an diesem Willensverhalten, daß er das verletzte Rechtsgut nicht ernstgenommen hat?

Würde hier Nicht-Ernstnehmen mit innerer Billigung gleichzusetzen sein, dann läge es sicher nicht vor, weil der „Lehrer" sein Verhalten äußerst bedauert[116]. Er nimmt die Verletzung sehr wohl ernst, sonst hätte er nicht versucht, sich gegen die Anweisung zu wehren. Versteht man aber unter Nicht-Ernstnehmen, der „geistigen Wert*verfehlung*", daß der „Lehrer" sich willentlich für die Verletzung des „Schülers" und nicht für die Verletzung des Gehorsams entschieden hat, so führt das zu dem Satz: Wer sich willentlich nicht normgemäß[117] verhält, ist schuldig. Danach hängt die Entscheidung über die Schuld in unserem Falle nur noch von der Bedeutung des Wortes „willentlich" ab. In dem Wort „willentlich" soll das geistige Verhalten zum Ausdruck kommen. Vorsätzliches Verhalten ist typisch geistiges Verhalten[118]. Geistiges Verhalten ist notwendigerweise personenbezogen. Ein solches liege bei dem Choleriker, der den zu erwartenden Widerstand gegen die Staatsgewalt leistet, bei dem Dieb, der nicht zur Enthaltsamkeit erzogen war und nun der Versuchung erlag, vor[119]. Dann handelt der Lehrer aber auch „willentlich". Er weiß genau, was er tut. Schmidhäuser käme also zur Bejahung der Schuld und somit zur Bestrafung.

Allerdings bliebe dabei völlig unberücksichtigt, daß der „Lehrer" in dieser Situation nicht anders handeln kann und auch nicht hätte anders handeln können. Fraglich ist, ob auf die Fähigkeit, sich normgemäß zu verhalten, als Schuldvoraussetzung so ohne weiteres verzichtet werden kann. Vielfach wird man sich damit behelfen, diese Fähigkeit zu unterstellen. So wird man bei § 5 WStG den Verdacht nicht los, daß der Gesetzgeber einfach ein Anders-Handeln-Können des Untergebenen, in Form einer Weigerung, bei Kenntnis des Verbrechens oder Vergehens

---

fertigen suchen" (BGHSt 18, 94 f.; ähnlich auch BGHSt 8, 393 ff.). Allerdings behandelt der BGH dieses Problem fälschlicherweise als Teilnahmeproblem (vgl. die Kritik von *Roxin*, Straftaten im Rahmen organisatorischer Machtapparate, GA 1963, 194).

[116] Vgl. S. 98.

[117] Wobei die Norm verlangt, von einer Verletzung abzusehen.

[118] *Schmidhäuser*, Kap. 10/4 und 6/24.

[119] *Schmidhäuser*, Kap. 6/24.

stillschweigend vorausgesetzt hat[120]. Ein solches Vorgehen wird durch ein „abstraktes“ Menschenbild begünstigt. Aber auch dieser abstrakte Denkansatz kommt an gewissen Realitäten nicht vorbei, insbesondere nicht an dem Phänomen, dem abweichenden Verhalten trotz Kenntnis.

Wird ein Verhalten zur Norm erhoben[121], dann muß auch die Befolgung möglich sein. Bestraft man abweichendes Verhalten, die „geistige Wertverfehlung“, ohne daß die Möglichkeit der Normbefolgung besteht, dann wird die allgemeine Gültigkeit der Norm in Frage gestellt[122]. Die durch die Untersuchung gewonnenen Ergebnisse bedeuten aber noch nicht, daß die Norm vor der Faktizität zu kapitulieren, daß die Norm sich der Wirklichkeit anzupassen habe. Vielmehr ist eine Änderung der Norm nur dann angebracht, wenn die Norm ihr Ziel nicht erreichen kann und das auch auf längere Sicht. Besteht aber in der Zukunft die Chance, das gewünschte Ziel in etwa zu realisieren, dann ist nicht einzusehen, wieso an dem durch § 5 WStG ausgesprochenen, erstrebenswerten Ziel nicht festgehalten werden soll.

Eine aufgrund dieser Norm bei einem Untergebenen verhängte Strafe, der wegen seiner Erziehung über eine Weigerungsmöglichkeit in der konkreten Befehlssituation nicht verfügt, hat mit einem Schuldvorwurf nichts zu tun. Dennoch läßt sich diese Strafe rechtfertigen. Eine Bestrafung kann nämlich sinnvoll sein, wenn sie zur Umerziehung der Menschen dienen kann, die Menschen zum normgemäßen Verhalten zu führen, und zwar nicht im Sinne der Generalprävention. Jene setzt voraus, daß der Mensch, abgeschreckt durch die Bestrafung eines anderen, sich normgemäß verhält, wobei die Möglichkeit des normgemäßen Verhaltens *schon besteht*. Diese Strafe dient der Umerziehung der Menschen, zu einem Verhalten, zu dem sie im jetzigen Zeitpunkt *noch nicht fähig* sind. Bei Durchsetzung einer Norm zu Erziehungszwecken zeigen sich aber die Schwierigkeiten in voller Größe. Kaum wird die bloße Existenz einer Norm oder die Praktizierung der Norm durch negative Sanktionen durch die Gerichte allein den Menschen zum normgemäßen Verhalten erziehen können. Hier muß die Umwelt, das Elternhaus, das Berufsleben usw. mithelfen. Eine so orientierte Strafe ist vom herkömmlichen Schuldprinzip völlig losgelöst. Und trotzdem kann man dieser Strafe ihre Berechtigung nicht absprechen.

---

[120] Aber gerade diese Verweigerungsmöglichkeit in der konkreten Situation wird durch das Experiment „Abraham“ und durch die Ergebnisse in Fall 1—3 in Frage gestellt.

[121] Dadurch, daß ein Verhalten zur Norm erhoben wird, ist abweichendes Verhalten erst möglich, nämlich Abweichung von der gesetzten Norm.

[122] Ähnlich *Maihofer*, a.a.O., S. 16, der u. a. meint, daß der Richter in solchen Fällen selbst zum Heuchler werden müsse. — Das Problem, die Diskrepanz zwischen Norm und Faktizität, ist also keineswegs unbekannt. Hier und im folgenden soll lediglich das Problem angesprochen und ein Lösungsversuch angedeutet werden.

Zweiter Abschnitt

Befehle, die gegen die Menschenwürde verstoßen

I. Die rechtliche Lösung der Fälle

1. Der Kabel-Fall

Die frühere Rechtsprechung[123] hatte den Satz entwickelt, daß die Pflicht zum Gehorsam entfällt, wenn ein Befehl ohne einen sich aus dem Dienstverhältnis ergebenden Grund so tief in das Rechtsgebiet des Untergebenen, in seine Ehre, sein Ansehen, seine militärische Stellung, seine Gesundheit, sein Leben, sein wirtschaftliches Dasein usw. eingreift, daß dem Untergebenen bei Abwägung aller Gesichtspunkte nicht zugemutet werden kann, den Befehl zu befolgen.

Dieser Grundsatz wurde vom Bundesdisziplinarhof übernommen und präzisiert: „Ein Befehl, der eine so große Gefahr für Leib und Leben von Untergebenen herbeiführt, daß diese Gefahr in keinem Verhältnis zu dem eigentlichen Dienstzweck steht, ist rechtswidrig und unverbindlich[124]. Entscheidend für die Verbindlichkeit des Befehls sei daher die Abwägung zwischen der Größe der Gefahr und der dienstlichen Notwendigkeit. Dabei hätten unvorhergesehene und für den Befehlenden unvorhersehbare Momente auszuscheiden. Stelle man so in den Fällen des Widerstreites der Befehlsgewalt mit Rechtsgütern der vorbezeichneten Art der Entscheidung über die Verbindlichkeit eines Befehls auf

[123] RKG 1, 177 (Urt. v. 11. 8. 1938), davor RMG 19, 251; 22, 81 und RGSt 59, 336; vgl. auch S. 20.

[124] BDH NJW 1958, 1463; ähnlich OLG Hamm in NJW 1966, 212 (213); dieser Satz wird auch einhellig von der Literatur anerkannt, für viele *Dreher-Lackner-Schwalm*, WStG, § 2 Anm. 32. Streitig ist nur, wie die unzumutbaren Befehle einzuordnen sind, ob sie Sonderfälle der Unverbindlichkeit sind oder ob sie den Befehlen, die gegen die Menschenwürde verstoßen, zuzuordnen sind. *Scherer*, SG, § 11 Anm. II 2, und der BDH, a.a.O., sind der Auffassung, der unzumutbare Befehl sei ein gesonderter Unverbindlichkeitsgrund. Dabei lasse sich der vom Gesetzgeber entschiedene Fall der Unverbindlichkeit des menschenunwürdigen Befehls als ein Anwendungsfall des allgemeineren Satzes der Unzumutbarkeit begreifen. Das bedeutet aber, daß ein unzumutbarer Befehl nicht notwendig menschenunwürdig sein muß. Dagegen hat *Schwaiger*, Handeln auf Befehl, S. 195, dargelegt, daß es wenig sinnvoll sei, für diese Fälle weiter den Zusammenhang mit Art. 1 GG zu negieren und einen eigenen Unverbindlichkeitsgrund unzumutbaren Verhaltens anzunehmen. Ein solcher Unverbindlichkeitsgrund hänge ohne Anknüpfungspunkt im luftleeren Raum. *Arndt*, Grundriß, S. 80, meint, daß Verlangen eines Vorgesetzten an seinen Untergebenen, im Frieden ohne hinreichenden dienstlichen Grund Übungen durchzuführen, die schwere oder gar sichere Lebensgefahr verursachen, mißachten Wert und *Würde* der Persönlichkeit. Auch er ordnet den Befehl offensichtlich den Befehlen, die gegen die Menschenwürde verstoßen, zu. Ohne sich festlegen zu wollen, erörtert der Verfasser die Problematik des unzumutbaren Befehls bei den menschenunwürdigen Befehlen.

die Nachprüfung des Ermessens des Befehlenden ab, so müsse schon die Feststellung eines offensichtlichen Mißverhältnisses zwischen dem dienstlichen Zweck eines Befehls und der durch ihn herbeigeführten Gefahr für Leib und Leben eines Vorgesetzten auch zur Feststellung der Ermessensfehlerhaftigkeit und damit der Rechtswidrigkeit dieses Befehls führen[125].

Scheiden für den BDH bei der vorzunehmenden Abwägung „unvorhergesehene und für den Befehlenden unvorhersehbare Momente" ursprünglich aus, so muß er diese zur „Feststellung des offensichtlichen Mißverhältnisses" schließlich doch heranziehen. Denn grundsätzlich entscheidet zwar die *subjektive* Sicht, das Ermessen, des Vorgesetzten über die Verbindlichkeit des Befehls. Ergibt sich jedoch *objektiv* ein Mißverhältnis, dann wird Ermessensfehlerhaftigkeit des Vorgesetzten unterstellt, die den Befehl unverbindlich macht.

Ähnlich argumentierte die früher herrschende Meinung[126]. Eine getroffene Anordnung sei nur dann unverbindlich, wenn sie *unter den gegebenen Umständen* aus dem Rahmen des militärisch Vertretbaren und Notwendigen überhaupt herausfalle. Stratenwerth[127] hält dagegen jede Entscheidung für verbindlich, die, gleichgültig. ob sie *wirklich* auf sachlichen Erwägungen beruht, jedenfalls auf sachlichen Erwägungen *könnte,* die also im Bereich des sachlich überhaupt Vertretbarem bleibt. Die Verbindlichkeit eines solchen Befehls werde durch die institutionelle Autorität des Vorgesetzten und der darauf beruhenden Vermutung der Rechtmäßigkeit begründet. Stratenwerth löst sich damit zwar vom Ermessen des in der konkreten Situation befehlenden Vorgesetzten. An dessen Stelle tritt aber doch wieder die, wenn auch „objektivierte" Sicht des Vorgesetzten. Letztlich entscheiden also doch die sachlichen Erwägungen, somit das Ermessen des Vorgesetzten.

Für Dreher[128] dagegen ist allein die objektive Unzumutbarkeit entscheidend. Es gebe nämlich Fälle, in denen rechtmäßiges Ermessen des Vorgesetzten vorliege, weil der Vorgesetzte die Unzumutbarkeit nicht erkannt habe, obwohl objektive Unzumutbarkeit vorliege. Hier müsse die objektive Sachlage allein ausschlaggebend sein und zur Unverbindlichkeit führen.

In wirklich klaren Fällen werden die verschiedenen Auffassungen zu gleichen Ergebnissen führen, so z. B., wenn im Kabel-Fall von vornherein feststehen würde, daß sich tatsächlich Blindgänger in dem Gebiet befinden und daß eine konkrete Lebensgefahr für den Untergebenen

[125] BDH, a.a.O., S. 1464.

[126] Z. B. *Schwinge,* MStGB, § 92 Anm. II 2 b; RGSt 59, 337.

[127] *Stratenwerth,* a.a.O., S. 160 f.

[128] *Dreher* in *Dreher-Lackner-Schwalm,* WStG, § 2 Anm. 32.

besteht. Weiß das der Untergebenen, dann wird für ihn eine Ausführung des Befehls kaum in Frage kommen[129]. Liegt aber kein *offensichtliches* Mißverhältnis vor, dann entscheidet nach Auffassung des BDH[130] das Ermessen des Vorgesetzten, während nach Stratenwerth[131] die „objektivierte" Sicht des Vorgesetzten maßgeblich ist. Ist die Entscheidung über die Verbindlichkeit von der, wenn auch objektivierten Sicht des Vorgesetzten abhängig, dann ist für den Untergebenen nichts gewonnen. Der Untergebenen kennt die Motivation des Vorgesetzten nicht. Selbst wenn jeder Untergebene die konkrete Gefahr als gegeben ansähe, wäre nicht diese Beurteilung ausschlaggebend, sondern die Sicht des Vorgesetzten.

Aber auch die objektive Sachlage als Beurteilungsgrundlage würde dem Untergebenen nicht weiterhelfen. Der Untergebene weiß in der konkreten Befehlssituation nicht, ob objektiv ein „Mißverhältnis" zwischen dem dienstlichen Befehl und der durch den Befehl im Falle der Ausführung eintretenden Gefahr besteht. Zwar hätte der Untergebene bei Ausführung des Befehls *strafrechtlich* nichts zu befürchten, gleichgültig, ob die befürchtete Gefahr für sein Leben eintritt oder nicht. Denn selbst wenn die Gefährdung eintreten würde, bestände für den Untergebenen kein Weigerungszwang. Dafür könnte die Ausführung aber *tatsächlich* gefährlich sein. Im Weigerungsfalle müßte er aber mit einer Bestrafung wegen Ungehorsams rechnen, wenn sich herausstellen sollte, daß die Ausführung zumutbar war.

Ähnlich wie beim „gefährlichen" Befehl ist auch hier nicht einzusehen, warum für die Entscheidung über die Verbindlichkeit nicht die dem Täter bekannten und erkennbaren Umstände herangezogen werden sollen. Will man den Untergebenen nicht „auf Spekulationen verweisen"[132], so muß ein Befehl, der einem „Durchschnittsuntergebenen", unter Zugrundelegung der dem Täter bekannten und erkennbaren Umstände für unzumutbar erscheint, unverbindlich sein[133]. Auch hier muß sich wieder die Frage anschließen, ob durch eine solche Regelung die Disziplin bzw. die Durchsetzbarkeit an sich zumutbarer Befehle gefährdet würde. Im Kabel-Fall ist nicht geklärt, ob sich tatsächlich Blindgänger in dem Gebiet befinden, in dem das Kabel verlegt werden soll. Trotz dieser Unsicherheit würden viele den Befehl verweigern, weil sie ihr Leben nicht riskieren wollen, auch wenn sie für die Weigerung bestraft würden. Selbst das Vorliegen eines nach ihrer Vorstellung verbindichen Befehls kann sie nicht zur Ausführung bewegen. In diesen

---

[129] Vgl. Auswertung S. 61 f.

[130] BDH, a.a.O.

[131] *Stratenwerth,* a.a.O.

[132] *Stratenwerth,* a.a.O.

[133] Vgl. dazu die Ausführungen zum „gefährlichen" Befehl, S. 74 ff.

Fällen hat die jetzige Regelung keinen Einfluß auf das endgültige Verhalten. Dagegen belastet die Inkaufnahme einer Bestrafung den Untergebenen in der kritischen Situation noch zusätzlich. Diese zusätzliche Belastung würde durch die Unverbindlichkeit solcher Befehle verhindert.

Unverbindlichkeit in diesen Fällen hätte noch eine weitere Konsequenz. Der sich irrende Soldat wäre nicht mehr auf die Regelung des § 22 Abs. 3 WStG angewiesen. Würde für den „Durchschnittsuntergebenen" in dieser Situation ein offensichtliches Mißverhältnis vorgelegen haben, dann bliebe der Soldat straffrei, auch wenn sich nachträglich ein solches Mißverhältnis nicht herausstellen sollte.

Beim „gefährlichen" und „unzumutbaren" Befehl wurde der Versuch unternommen, die Verbindlichkeit des Befehls von der objektiven, dem Untergebenen zugänglichen Erfahrung[134] abhängen zu lassen. Das sollte auch dann gelten, wenn der befürchtete Erfolg nicht eintreten konnte oder wenn es nicht zu dem unzumutbaren Eingriff in das Rechtsgut des Untergebenen kommen konnte. Im letzteren Fall wird etwas Rechtmäßiges für unverbindlich erklärt. Das heißt aber nicht, daß aus Rechtmäßigem Rechtswidriges gemacht wird. Die Rechtmäßigkeit des Befehls bleibt völlig unberührt. Jetzt zeigt sich der Vorteil der Trennung von Rechtmäßigkeit und Verbindlichkeit bzw. Rechtswidrigkeit und Unverbindlichkeit[135]. Es gibt also nicht nur *rechtswidrig-verbindliche* Befehle, sondern auch *rechtmäßig-unverbindliche* Befehle. Rechtmäßig-unverbindliche Befehle werden nur vorkommen, wenn der Vorgesetzte die Lage aufgrund der ihm bekannten Umstände anders beurteilt als der Untergebene. Schon hier wird sichtbar, daß Abweichungen in der Beurteilung verhindert werden können, wenn der Vorgesetzte, soweit es die Situation zuläßt, die Gründe für den Befehl angibt. Wenn das geschieht, wissen Untergebenen und Vorgesetzte in der konkreten Situation gleich viel. Gleiches Wissen begünstigt aber gleiches Handeln.

2. Der Stuben-Fall

Der Sachverhalt stimmt beinahe wörtlich mit dem der Entscheidung des AG Stade[136] überein. Das AG Stade kommt zur Unverbindlichkeit des Befehls, weil dieser Befehl entwürdigend gewesen sei[137]. Jescheck[138] hält diese Entscheidung für unrichtig, ohne dies allerdings zu begründen.

---

[134] Vgl. S. 80.

[135] Vgl. S. 23 f.

[136] AG Stade, Urt. v. 9. 4. 1964 — 9 Ms 26/64 — in *Kohlhaas/Schwenck*, Rspr., § 22 WStG (2).

[137] So auch *Kohlhaas*, WStG, § 22 Anm. 2.

[138] *Jescheck*, Lb., S. 258 Anm. 9.

Am dienstlichen Zweck dieses Befehls kann nicht gezweifelt werden. Unter den gegebenen Umständen war es angebracht, die Stuben-Belegschaft wegen des Tränengases nach draußen zu schicken. Auch konnte angeordnet werden, daß sie draußen zu schlafen hätten, falls ein Übernachten in der Stube wegen des Tränengases unmöglich war. Es bestand aber kein Grund dafür, die Zelte nicht aufbauen zu lassen. Bei Kälte kann zwar der Schlafsack genügend Wärme spenden. Es ist aber nicht einzusehen, warum auf das Zelt verzichtet werden soll, zumal es zum Schutz vor Kälte dient. Hierin liegt ein „offensichtlicher, grober, durch sachlich nichts zu rechtfertigender Eingriff“[139], der somit die Menschenwürde verletzt.

Obwohl dieser Befehl gegen die Menschenwürde verstößt und verweigert werden darf, würden ihn fast 30 % der Untergebenen ausführen[140].

3. Der Revierdienst-Fall

Das gewählte Beispiel weicht geringfügig von der Entscheidung des LG Tübingen[141] ab. Dort sollte der Soldat das Kasernengelände wegen verspäteten Antretens zum gemeinsamen Mittagessen reinigen und nicht, weil er das Außenrevier nicht gereinigt hatte. Diese Abweichung führt aber zu keiner anderen Beurteilung der Frage, ob ein Verstoß gegen die Menschenwürde vorliegt oder nicht.

Das LG Tübingen lehnt einen Verstoß gegen die Menschenwürde ab, da der Eingriff nicht so weit gehe, „daß er den Kernbereich menschlichen Wesens verletzte, zumal der Angeklagte sich jedenfalls hinterher auf dem Dienstwege gegen den Befehl hätte verwahren können“. Durch diese Anordnung, in feldmarschmäßiger Aufmachung Reinigungsarbeiten auszuführen, hätte die Tätigkeit zwar ein etwas herabwürdigendes Gepräge erhalten. Die Person des Angeklagten wäre bei der Befolgung des Befehls jedoch nicht unzumutbar schwer betroffen gewesen.

Diese Entscheidung ist auf einhellige Ablehnung gestoßen. Schwenck[142] schreibt in seiner Anmerkung zu dieser Entscheidung: „... durch die Anordnung des für einen ganz anderen Dienst vorgesehenen Kampfanzuges in voller Gefechtsausrüstung erhielt der Befehl den ehrmindernden Charakter ..., der ihn unverbindlich macht.“

Jescheck[143] hält den Befehl wegen Verstoßes gegen die Menschenwürde für unverbindlich, weil „der Betroffene in den Augen der Öffentlichkeit als lächerliche Figur erscheinen mußte.“

---

139 *Nipperdey* in *Neumann-Nipperdey-Scheuner*, S. 17.
140 Vgl. die Auswertung des Falles 6, S. 63.
141 LG Tübingen in *Kohlhaas/Schwenck*, Rspr., § 22 WStG 2/5.
142 *Schwenck* in *Kohlhaas/Schwenck*, Rspr., § 22 WStG (4).
143 *Jescheck*, Befehl, S. 79; so auch *Arndt*, Grundriß, S. 81.

Die Meinung der Literatur ist richtig. Das LG Tübingen sieht das Problem ganz genau, sieht den Eingriff, bloß glaubt es, die Grenze der Unzumutbarkeit sei noch nicht überschritten. Hält es den Befehl vielleicht deswegen noch für zumutbar, weil der Soldat den Kampfanzug, das „der Bewährung im Verteidigungsfall vorbestimmten Ehrenkleid"[144] dabei trägt? Dieser Fall zeigt, wie schwer es für den Untergebenen ist, sich „richtig" zu verhalten.

Wie im Revierdienst-Fall, so wird auch folgender Fall für den Soldaten zu beinahe unlösbaren Schwierigkeiten führen:

Lt. Kompaniefall dürfen keine größeren Papierabfälle in die Mülltonnen geworfen werden. Aus Versehen landet das alte Berichtsheft des Soldaten A in der Tonne. Bei der Kontrolle findet der UvD das Heft, leert den gesamten Inhalt der vollen Mülltonne auf den Boden und befiehlt A, mit den Händen sämtliche Papierreste auszusondern[145].

Liegt hier ein durch sachlich nichts zu rechtfertigender Eingriff vor? Mit dem Begriff „Menschenwürde" selbst fängt der Soldat nichts an. Er braucht „handfeste" Kriterien, auf die er sich in Zweifelsfällen verlassen kann. Das setzt eine klare Definition voraus. Diese Definition muß im Einzelfall anwendbar sein. Eine praktikable Definition der Menschenwürde ist äußerst schwierig. Folgende Umschreibung ist vielleicht juristisch exakt, hilft aber dem Soldaten für die Praxis nicht weiter: „Die Menschenwürde ist dann getroffen, wenn der konkrete Mensch zum Objekt, zu einem bloßen Mittel, zur vertretbaren Größe herabgewürdigt wird"[146]. Aber auch wann ein „offensichtlicher, grober, durch sachlich nichts zu rechtfertigender Eingriff"[147] vorliegt, ist für den juristischen Laien schwer zu deuten.

Die Definition als Hilfestellung für den Untergebenen, seine Rechte zu wahren, darf nicht nur die Fälle erfassen, in denen der Soldat sowieso den Befehl verweigern würde, auch unter Inkaufnahme einer Bestrafung wegen Ungehorsams[148]. Vielleicht bietet diese Hilfestellung die Definition der entwürdigenden Behandlung[149]: „Sie (die entwürdigende Handlung) liegt in einem Verhalten, das bewußt die menschliche und soldatische Würde oder das Ehrgefühl des Soldaten erheblich verletzt"[150]. Diese Skizzierung, gekoppelt mit Beispielen, vermag dem Soldaten den Gehalt der Menschenwürde vielleicht näherzubringen. Als Hauptfälle der entwürdigenden Behandlung im militärischen Bereich

[144] LG Tübingen, a.a.O.
[145] Der Fall hat sich tatsächlich zugetragen.
[146] *Maunz-Dürig-Herzog*, GG, Art. 1 Anm. 28.
[147] *Nipperdey*, a.a.O.
[148] Wie z. B. im Kabel-Fall, vgl. S. 61 f.
[149] Vgl. § 31 WStG.
[150] So *Arndt*, Grundriß, S. 220.

führt Lackner[151] an: „Die Kränkung der Ehre von Untergebenen in einer Weise oder in einem Umfang, daß ihnen dadurch die Anerkennung als freie Persönlichkeit innerhalb der soldatischen Gemeinschaft versagt wird, und die Herabwürdigung des Untergebenen zum bloßen Mittel zur Erreichung dienstwidriger oder außerdienstlicher Zwecke."

Auch diese Erläuterung des Inhaltes der Menschenwürde wird kaum aufgenommen werden, wenn sie nicht an Hand von Beispielen eingeübt wird. Dabei sollten die Vorgesetzten nicht davor zurückschrecken, zweifelhafte Fälle anzuführen und auf die dabei auftretenden Schwierigkeiten hinzuweisen.

II. Weigerungszwang bei menschenunwürdigen Befehlen

Gem. § 11 Abs. 1 Satz 3 SG können menschenunwürdige Befehle verweigert werden. Sie müssen es aber nicht, im Gegensatz zu den Befehlen, die ein Verbrechen oder Vergehen beinhalten. Fraglich ist nun, ob diese unterschiedliche Beurteilung durch das Gesetz zu rechtfertigen ist, d. h., daß einerseits eine Pflicht zur Weigerung, andererseits freie Wahl der Handlungsweise besteht. Zweifel hinsichtlich der Berechtigung dieser Unterscheidung lassen in erster Linie die Ergebnisse der Auswertung im Revierdienst-Fall aufkommen. Im Revierdienst-Fall verstößt der Befehl gegen die Menschenwürde des Untergebenen. Da dieser Befehl unverbindlich ist, steht es dem Untergebenen völlig frei, wie er sich verhält. Vorausgesetzt, der Untergebene weiß genau, daß hier ein Verstoß gegen die Menschenwürde vorliegt. Dann wird er die Möglichkeit wählen, die für ihn die angenehmste ist. Er wird die evtl. Unannehmlichkeiten mit dem Vorgesetzten bei Weigerung mit der Beeinträchtigung seiner Rechte bei Ausführung abwägen. So würden 11 % der Befragten auf Stufe 3 die Ausführung wählen, obwohl sie genau wissen, daß ein Verstoß gegen die Menschenwürde vorliegt[152]. Sie würden sich lieber nachher beschweren. In manchen Fällen wird es dem Untergebenen also gar nicht darauf ankommen, ob ihm Unrecht geschieht, vielmehr wird er die für sich bestmögliche Lösung suchen.

Die Ausführung eines menschenunwürdigen Befehls ist solange unschädlich, wie nur der rechtliche Bereich des Untergebenen selbst tangiert wird. So lange läßt sich auch die unterschiedliche Behandlung von Befehlen, die ein Verbrechen oder Vergehen beinhalten, einerseits und den übrigen unverbindlichen Befehlen andererseits aufrechterhalten. Wird aber zugleich ein anderes Rechtsgut verletzt oder verstößt der Befehl zugleich gegen eine andere gesetzliche Pflicht, dann wird die

[151] *Lackner*, in *Dreher-Lackner-Schwalm*, § 31 Anm. 3.
[152] Vgl. S. 68.

Unterscheidung bedenklich. Das zeigt die Begründung eines Soldaten für die Ausführung im Revierdienst-Fall: „Ich führe den Befehl aus, um der Zivilbevölkerung zu zeigen, wie man schikaniert wird“[153].

Gem. § 17 Abs. 2 SG muß der Soldat dem Ansehen der Bundeswehr sowie der Achtung und dem Vertrauen gerecht werden, die sein Dienst als Soldat erfordert. Diese Pflicht verlangt u. a. von dem Soldaten, daß er es unterläßt, „das Ansehen der Bundeswehr, einer bestimmten Truppe oder Dienststelle in den Augen der Öffentlichkeit herabzusetzen ...“[154]. Aber gerade das würde der Untergebene bei Ausführung tun, zumindest seiner Vorstellung nach.

Ähnlich ist es, wenn der Untergebene durch die Ausführung des Befehls die Menschenwürde eines Dritten verletzt. Hier erhebt sich die Frage, ob nicht solche Befehle schon aus anderen Gründen verweigert werden *müssen*.

In vielen Fällen wird der Befehl, der die Menschenwürde eines Dritten verletzt, zugleich ein Verbrechen oder Vergehen darstellen[155] und muß schon aus letzterem Grund verweigert werden, so z. B. der Befehl des KpChefs an den GrpFhr, einen Rekruten zu beleidigen. Hier würde sich der GrpFhr wegen eines Verbrechens der Beleidigung gem. § 185 StGB strafbar machen. Außerdem wären die Voraussetzungen des § 31 WStG erfüllt[156]. In diesem Fall ist die Handlung des GrpFhrs ein Vergehen. Durch die Vornahme dieser Handlung wird die Menschenwürde des Untergebenen verletzt.

Sind aber auch Befehle denkbar, deren Ausführung zwar einen Verstoß gegen die Menschenwürde des Untergebenen darstellt, nicht aber zugeich die Begehung eines Verbrechens oder Vergehens durch den Vorgesetzten? Bei dem Befehl des KpChefs an den GrpFhr, einen Rekruten die Toilette mit der Zahnbürste reinigen zu lassen, steht die Verletzung der Menschenwürde des Rekruten fest. Begeht aber der GrpFhr durch die Befehlserteilung ein Verbrechen oder Vergehen? Hier greift der Vergehenstatbestand des § 31 WStG ein, der den GrpFhr als Vorgesetzten die vorsätzliche entwürdigende Behandlung eines Untergebenen, des Rekruten, untersagt. Für einen Vorgesetzten ist die Weitergabe eines menschenunwürdigen Befehls verboten. Er muß den Befehl verweigern. Im Unterschied zum Beleidigungsbeispiel ist hier die menschenunwürdige Behandlung nicht schon in der Befehlserteilung des

---

[153] Vgl. S. 65.

[154] *Scherer*, SG, § 17 Anm. II 1.

[155] Vgl. auch *Schlosser*, JZ 1958, 529 Anm. 42.

[156] Anders ist es aber, wenn ein Soldat, ohne Vorgesetzter der Beleidigten zu sein, diesen auf Befehl beleidigt. Dann kann der Soldat nur aus § 185 StGB, nicht gem. § 31 WStG bestraft werden.

GrpFhrs selbst, sondern erst in der Befehlsausführung durch den Rekruten zu sehen. Das führt zu folgendem Ergebnis:

Wird die Menschenwürde eines Soldaten verletzt, sei es unmittelbar durch die Handlung eines auf Befehl handelnden Dritten, sei es durch Ausführung einer auf Befehl zu begehenden Handlung, dann darf der Dritte bzw. der Vorgesetzte den Befehl nicht ausführen, da er ein Verbrechen oder Vergehen begehen würde. Dann ist es aber irreführend, wenn im Zusammenhang mit menschenunwürdigen Befehlen davon gesprochen wird, daß es gleichgültig sei, ob die Menschenwürde des Untergebenen oder eines Dritten verletzt werden[157]. Dadurch kann der Eindruck entstehen, daß Befehle, deren Ausführung gegen die Menschenwürde eines Dritten verstoßen, lediglich nicht ausgeführt zu werden *brauchen*. In Wirklichkeit *müssen* sie verweigert werden[158].

Verfehlt wäre es allerdings, den Weigerungszwang auf Befehle auszudehnen, die die eigene Menschenwürde verletzen[159]. Zwar läßt sich nicht bestreiten, daß durch Einführung eines Weigerungszwanges bei Verletzung der eigenen Menschenwürde die Ausprägung des Rechtsbewußtseins gefördert werden könnte. Denn am besten erkennt man in der Regel das Unrecht, das einem selbst zugefügt wird. Ist man aber im eigenen Bereich zu einer Entscheidung gezwungen, so fällt eine Entscheidung bei Verletzung der Menschenwürde Dritter leichter. Dieser Umstand rechtfertigt aber nicht, den Untergebenen einem Weigerungszwang bei Verletzung des eigenen Bereiches zu unterwerfen. So kann der Mensch auch nicht verpflichtet werden, Notwehr zu üben oder die Einwilligung zu einer Körperverletzung zu verweigern, soweit das verletzte Rechtsgut in seine eigene Disposition gestellt ist.

---

157 Z. B. *Scherer*, SG, § 11 Anm. II 1; *Dreher-Lackner-Schwalm*, WStG, § 2 Anm. 24.

158 Gleiches gilt auch für die nichtdienstlichen Befehle. Gem. § 32 WStG ist es dem Vorgesetzten u. a. untersagt, seine Befehlsbefugnis zu Befehlen zu mißbrauchen, die dienstlichen Zwecken zuwiderlaufen. Der dazwischen geschaltete Vorgesetzte begeht also ein Vergehen i. S. des § 32 WStG, wenn er einen ihm erteilten nichtdienstlichen Befehl an einen Untergebenen weiterleitet. Auch dieser Befehl muß von dem Vorgesetzten verweigert werden.

159 *Erdmenger*, S. 82, hält jedoch einen Weigerungszwang bei den menschenunwürdigen Befehlen für gegeben. Er glaubt, der Soldat werde nach einer entsprechenden Aufklärung, Schulung und Ausbildung im allgemeinen in der Lage sein, die Begriffswertung der Menschenwürde in gebotenem Rahmen richtig vorzunehmen. Wenn der Soldat eine Verletzung der Menschenwürde feststelle, sei er auch verpflichtet, den Gehorsam zu verweigern. Das folge aus der Bedeutung der Menschenwürde im gegenwärtigen Gemeinschafts- und Staatsleben.

Dritter Abschnitt

Befehle, die zu nichtdienstlichen Zwecken erteilt werden

I. Die rechtliche Lösung der Fälle

1. Der Zugabteil-Fall

Der Sachverhalt ist einer Entscheidung des Reichsmilitärgerichts aus dem Jahre 1902[160] entnommen. Damals war die Begründung der Verbindlichkeit mit Schwierigkeiten verbunden. Es mußte auf die allgemeinen Dienstverhältnisse des Untergebenen zurückgegriffen werden: „Jeder von einem Vorgesetzten berechtigtermaßen, wenn auch nur mit Rücksicht auf die allgemeinen Dienstverhältnisse des Untergebenen, erteilte Befehl ist als Befehl eines dienstlichen Vorgesetzten — Befehl in Dienstsachen — anzusehen“[161].

Die Entscheidung ist im Ergebnis sicher richtig. Heute begründet man den dienstlichen Zweck über die Gesunderhaltungspflicht des § 17 Abs. 4 Satz 1 und 2 SG. Danach hat der Soldat alles in seinen Kräften Stehende zu tun, um seine Gesundheit zu erhalten oder wieder herzustellen (Satz 1). Er darf seine Gesundheit nicht vorsätzlich oder grobfahrlässig beeinträchtigen (Satz 2). Diese dienstliche Pflicht besteht in und außer Dienst. Sie führt dazu, daß auch im außerdienstlichen Bereich Befehle erteilt werden können.

Hier war die Verletzung der Pflicht unmittelbar gefährdet. Um den Soldaten vor der unmittelbar bevorstehenden Gesundheitsbeeinträchtigung zu bewahren, durfte der Vorgesetzte ihm befehlen, das Fenster zu schließen.

Indessen würden nur 61 % der Untergebenen den Befehl befolgen[162]. Soldaten, die wissen, daß es die nichtdienstlichen Befehle sind, die verweigert werden dürfen, weisen eine höhere Ausführungsquote auf. Dabei konnte nicht festgestellt werden, ob dies in der Fähigkeit lag zu unterscheiden, ob ein dienstlicher oder nichtdienstlicher Befehl vorliegt oder ob die positive Kenntnis der Gesunderhaltungspflicht des § 17 Abs. 4 SG Ursache dafür war.

---

[160] RMG 1, 105 ff.

[161] RMG, a.a.O.

[162] Vgl. Auswertung S. 66.

2. Der Feldjäger-Fall

Das Beispiel ist von Busch[163] übernommen. Der Verfasser hat diesen Fall in ähnlicher Weise miterlebt. Hier wird durch Befehl im dienstfreien Bereich des Untergebenen eingegriffen, ebenso wie im Zugabteil-Fall. Drohte dort der Untergebene zum Zugfenster hinauszustürzen, bestand also für diesen akute Lebensgefahr, so ist hier noch nicht gesagt, daß der Untergebene tatsächlich Schaden an seiner Gesundheit erleidet. Letztere Tatsache läßt die zu erwägende Gesunderhaltungspflicht des § 17 Abs. 4 Satz 1 und 2 SG als Befehlsgrundlage in diesem Fall zweifelhaft erscheinen.

Um diesen Fall entscheiden zu können, muß geklärt werden, unter welchen Voraussetzungen Befehle auf die Gesunderhaltungspflicht gestützt werden können. Dazu ist zunächst der Umfang der Gesunderhaltungspflicht zu bestimmen. Seit dem Beschluß des BDH vom 13. 2. 1961[164] scheint sich die Meinung gefestigt zu haben, § 17 Abs. 4 Satz 1 SG begründe für den Soldaten eine Gesunderhaltungspflicht ohne Begrenzung auf bestimmte Schuldformen. Satz 2 soll dagegen lediglich die disziplinare Verantwortlichkeit des Soldaten auf vorsätzliches und grobfahrlässiges Zuwiderhandeln beschränken. Satz 2 lasse also die Pflicht des Satzes 1 unberührt.

Nun wird aber auch die Meinung vertreten, daß Satz 1 zwar eine Gesunderhaltungspflicht aufstelle, Satz 2 diese Pflicht aber dahingehend einschränke, daß nur die vorsätzliche oder grobfahrlässige Beeinträchtigung der Gesundheit ein Dienstvergehen darstelle[165]. Dann ist der Soldat in bezug auf die Erhaltung seiner Gesundheit nicht zu jeder erdenklichen Sorgfalt, sondern nur zur Abstandnahme von Vorsatz und Leichtsinn verpflichtet[166]. Entscheidend für den Umfang der Gesunderhaltungspflicht ist also, wie Satz 2 zu verstehen ist. Satz 2 enthält ein Verbot. Ein Verbot bedeutet aber zugleich die Pflicht, etwas zu unterlassen. Jedes Verbot läßt sich als Pflicht zum Unterlassen formulieren. Als Pflicht ausgedrückt würde § 17 Abs. 4 Satz 1 SG lauten:

„Der Soldat hat die Pflicht, es zu unterlassen, seine Gesundheit vorsätzlich oder grobfahrlässig zu beeinträchtigen."

---

[163] *Busch*, Zur Frage der Befehle im außerdienstlichen Bereich, NZWehrr 1969, S. 56. ff.

[164] BDH, NZWehrr 1961, S. 85 ff.

[165] Das Truppendienstgericht E, NZWehrr 1960, S. 33, bezeichnet § 17 Abs. 4 Satz 1 fälschlicherweise als Programmsatz. Wenn Satz 1 ein Programmsatz wäre, dann könnte er auch nicht, da nicht pflichtenbegründend, eingeschränkt werden.

[166] So *Scherer*, Zur Frage der Befehle für den dienstfreien Bereich, NZWehrr 1961, S. 98; ähnlich Truppendienstgericht E, a.a.O.; vgl. auch *Schreiber*, NZWehrr 1959, S. 82 ff., Anmerkung zum Beschluß des Truppendienstgerichtes A, NZWehrr 1959, S. 82.

Aus den obigen Ausführungen ergibt sich, daß § 17 Abs. 4 Satz 2 SG eine Pflicht beinhaltet und als solche nur die Funktion haben kann, die in Satz 1 begründete umfassende Pflicht auf die Formen der Vermeidung vorsätzlicher und grobfahrlässiger Gesundheitsbeeinträchtigungen zu beschränken. Diesem Ergebnis steht die Bestimmung des Satzes 2 als Beschränkung der disziplinaren Verantwortlichkeit des Soldaten auf die dort genannten Schuldformen nicht entgegen.

Wenn mit der zweiten Meinung die Pflicht zur Erhaltung der Gesundheit den Soldaten nur verpflichtet, von vorsätzlichen und grobfahrlässigen Beeinträchtigungen seiner Gesundheit abzusehen, dann sind Befehle im außerdienstlichen Bereich nur dann zulässig, wenn sie der Einhaltung der Pflicht — Unterlassen von vorsätzlichen und grobfahrlässigen Gesundheitsbeeinträchtigungen — dienen.

Fraglich ist jedoch, wann eine Verletzung dieser Pflicht befürchtet werden muß, so daß ein Eingriff durch Befehl zulässig wird. Busch[167] hält einen Befehl schon dann für zulässig, wenn die begründete Annahme besteht, daß der Soldat — infolge der künftigen Ereignisse — sich disziplinarrechtlich oder strafrechtlich schuldig mache, insbesondere seine körperliche Unversehrtheit beeinträchtigen wird. Diese Voraussetzungen sieht Busch im Feldjäger-Befehl als gegeben an. Lammich[168] fordert als Voraussetzung für eine Befehlserteilung das Bestehen einer konkreten Gefahr zur Begehung eines Dienstvergehens im dienstfreien Bereich. Mangels Vorliegen einer konkreten Gefahr ist nach Lammich der Feldjäger-Befehl rechtswidrig und unverbindlich[169].

Das Abgrenzungskriterium der konkreten Gefahr ist brauchbar. Es läßt sich sehr gut mit der neudefinierten Pflicht des § 17 Abs. 4 SG in Einklang bringen. Ein Befehl ist danach nur zulässig, wenn die konkrete Gefahr einer vorsätzlichen oder grobfahrlässigen Gesundheitsbeeinträchtigung besteht. Eine solche Gefahr ist im Feldjäger-Fall nicht gegeben[170]. Daher hat hier § 17 Abs. 4 Satz 1 und 2 als Befehlsgrundlage auszuscheiden, der Befehl ist also unverbindlich.

Der Zugabteil-Fall und der Feldjäger-Fall zeigen die Schwierigkeiten auf, die bei dienstlichen bzw. nichtdienstlichen Befehlen im dienstfreien Bereich auftauchen können. In vielen Fällen läßt sich der dienstliche Zweck nur aus anderen Vorschriften herleiten[171]. Dem Soldaten nützt also eine Definition des nichtdienstlichen Befehls nicht viel. Er muß

---

[167] *Busch*, a.a.O., S. 57.

[168] *Lammich*, Der Präventivbefehl, NZWehrr 1970, S. 100.

[169] *Lammich*, a.a.O., S. 101.

[170] Eine konkrete Gefahr läge z. B. dann vor, wenn ein Reifen nicht nur nicht mehr die vorgeschriebene Mindestprofiltiefe von 1 mm hat, sondern bis auf die Leinwand abgefahren ist.

[171] So z. B. § 17 Abs. 1 und Abs. 4 SG.

noch die anderen Vorschriften kennen, die ihm die entsprechenden Pflichten auferlegen. Sind diese Vorschriften nicht bekannt, dann ist Platz frei für Erwägungen, die von der rechtlichen Beurteilung völlig unabhängig sind. So kommt es auch im Feldjäger-Fall zu einer erheblich höheren Ausführungsquote als im Zugabteil-Fall. Von der rechtlichen Beurteilung her sollte man die höhere Ausführungsquote beim Zugabteil-Fall vermuten. Indessen beeinflußt die Tatsache, daß der Befehl von einer Feldjägerstreife erteilt wurde, das Verhalten entscheidend.

3. Der Tümpel-Fall

Der Sachverhalt wurde von einer Entscheidung des Reichsmilitärgerichtes[172] übernommen. Das RMG hält den Befehl, das Wasser der Länge nach zu durchwaten, für nicht rechtmäßig, da dieser Befehl ohne Notwendigkeit Leben und Gesundheit des Untergebenen gefährdet. Der „von der Exerzierübung völlig losgelöste Befehl ... stellt sich in Wirklichkeit als unzulässige Maßregelung eines einzelnen wegen einer Verfehlung gegen die Disziplin dar".

Die Entscheidung hat gewisse Ähnlichkeiten mit dem Kabel-Fall. Auch hier wird die Gesundheit des Untergebenen aufs Spiel gesetzt. Indessen liegt der große Unterschied aber darin, daß der Vorgesetzte im Tümpel-Fall den Befehl aus reiner Schikane erteilt, im Kabel-Fall dagegen an den dienstlichen Zweck glaubt. Aus diesem Grunde soll auch dieser Befehl nicht den unzumutbaren Befehlen zugeordnet werden.

Die Beantwortung zeigt, daß der Soldat nichtdienstliche Befehle in der Regel nur dann verweigern wird, wenn sie ihm persönlich unzumutbar erscheinen. Dann wird er nicht mehr nach der Vorschrift fragen. Auch nimmt er eine Bestrafung wegen Ungehorsams in Kauf.

II. Vereinbarkeit des § 22 Abs. 3 WStG mit dem § 11 Abs. 1 Satz 3 SG hinsichtlich nichtdienstlicher Befehle

Gem. § 11 Abs. 1 Satz 3 SG dürfen Befehle zu nichtdienstlichen Zwecken verweigert werden. § 22 Abs. 1 WStG zieht daraus die strafrechtlichen Konsequenzen, indem er die Unverbindlichkeit solcher Befehle feststellt und zugleich ausspricht, daß ein Untergebener bei Verweigerung eines solchen Befehls in den Fällen der §§ 19 bis 21 WStG nicht bestraft werden kann, weil er nicht rechtswidrig handelt. Schließlich regelt § 22 Abs. 3 WStG die Irrtumsproblematik dahin, daß auch der unvermeidbare Irrtum zu Lasten des Untergebenen geht.

---

[172] RMG 22, 78 ff. (Urt. v. 22. 10. 1917).

War es das Ziel des § 11 Abs. 1 Satz 3 SG, unberechtigte Eingriffe im nichtdienstlichen Bereich des Untergebenen zu verhindern[173], so wird die Erreichung dieses Zieles durch die Regelung des § 22 Abs. 3 WStG in Frage gestellt. Das ergibt u. a. die Auswertung der Fälle 8 bis 10. Immer wählten die Untergebenen die Handlungsweise, die für sie keine Nachteile nach sich zieht. Ein solcher Nachteil ist in der Regel die Bestrafung wegen Ungehorsams. Und zwar sagt sich der Soldat: Gehen Zweifel im Falle der Verweigerung zu meinen Lasten, dann führe ich den Befehl lieber aus. Dann entgehe ich auf jeden Fall einer Bestrafung. Selbst wenn er fest daran glaubt, daß der Befehl zu nichtdienstlichen Zwecken erteilt wurde, so weiß er trotzdem nicht, ob er vielleicht nicht doch einem Irrtum verfallen ist. Ist letzteres aber der Fall, wird er bestraft. Welcher Soldat ist sich aber seiner Sache so sicher, daß er zu beurteilen vermag, der Befehl entbehre auf jeden Fall des dienstlichen Zweckes? Zweifel werden nur in krassen Fällen ausgeschlossen sein. So ist der Prozentsatz der Ausführenden im Fall 8 und 9 ziemlich hoch. Fall 10 weist eine niedrigere Ausführungsquote auf, vielleicht deswegen, weil es sich um den eben genannten krassen Fal handelt.

Die Existenz des § 22 Abs. 3 WStG beeinflußt das Verhalten des Soldaten entscheidend, ja, seine Wirkung wird noch durch die intensive Belehrung in der Truppe verstärkt durch das Schlagwort: „Im Zweifel Ausführung“[174]. § 22 Abs. 3 WStG führt dazu, daß selbst von einer berechtigten Weigerung abgesehen wird. Ist ein solcher Erfolg aber gewollt? Ist es nicht ausreichend, wenn der Soldat nur in *wirklich* zweifelhaften Fällen die Ausführung wählt?

Letzteres wird aber schon durch § 11 Abs. 1 Satz 3 SG erreicht. Schon nach der Definition des nichtdienstlichen Befehls sind Befehle zu nichtdienstlichen Zwecken die absolute Ausnahme. Schon diese sich aus der Definition des nichtdienstlichen Befehls ergebende Schwierigkeit wird den Soldaten in zweifelhaften Fällen von der Weigerung abhalten[175]. Dann braucht ihm aber nicht noch zusätzlich der unvermeidbare Irrtum angetastet zu werden, um ihn vollends verstummen zu lassen. § 22 Abs. 3 WStG ist also nicht nur wegen Verletzung des Schuldprinzips verfas-

---

[173] Vgl. Erster Teil, S. 29 f.

[174] Vgl. S. 32 Anm. 1.

[175] Das zeigt z. B. der Befehl, an einer Feier teilzunehmen: Soldat A ist mit Wirkung zum 1. 6. zum Unteroffizier befördert worden. Der Kompaniefeldwebel befiehlt A, zusammen mit anderen zum gleichen Termin beförderten Unteroffizieren, an einem gemütlichen Beisammensein im Kreise des Uffz-Korps teilzunehmen mit dem Hinweis, es sei Dienst (auch wird die in diesem Zusammenhang äußerst zweifelhafte Pflicht zur Kameradschaft des § 12 SG des öfteren bemüht). — Befehle dieser Art kommen sehr häufig vor. Sie werden ausgeführt, weil die Soldaten nicht sicher wissen, ob ein dienstlicher Befehl vorliegt, zumal der Hinweis des Vorgesetzten, es sei Dienst, sie stark beeinflußt.

sungsrechtlich äußerst bedenklich[176], sondern hat darüber hinaus vom Gesetzgeber unerwünschte Nebenfolgen. Aus diesen Gründen kann und muß auf die Regelung des § 22 Abs. 3 WStG in der jetzigen Form verzichtet werden. Eine Regelung wie die des § 22 Abs. 2 WStG auch für nichtdienstliche Befehle wäre die gerechte Lösung. Dadurch würde das Ziel des § 11 Abs. 1 Satz 3 SG erreicht und der Gehorsam bliebe sichergestellt.

III. Prüfungspflicht bei menschenunwürdigen und nichtdienstlichen Befehlen

Bei Befehlen, die möglicherweise ein Verbrechen oder Vergehen beinhalten, erwies sich in bestimmten Situationen eine Prüfungspflicht als durchaus angemessen, sogar als notwendig. Nur durch eine Prüfungspflicht kann bei schwerem Unrecht eine gewissenlose Handlungsweise des Untergebenen, somit der Eintritt des Erfolges, unterbunden werden. Es fragt sich, ob eine Prüfungspflicht auch bei Befehlen, die möglicherweise gegen die eigene Menschenwürde verstoßen oder die zu nichtdienstlichen Zwecken erteilt werden, zweckmäßig ist. Gegen eine Prüfungspflicht bei derartigen Befehlen spricht die Tatsache, daß diese Befehle nach dem Gesetz nur verweigert werden *können,* aber nicht verweigert werden *müssen.* Steht dem Untergebenen die Handlungsweise frei, dann kann er nicht bestraft werden, gleichgültig, ob er die Ausführung oder die Weigerung wählt. Geht der Untergebene also auf jeden Fall straflos aus, dann ist eine Prüfungspflicht, bei deren Verletzung im Falle der Ausführung der Untergebene bestraft werden könnte, nicht zulässig[177].

---

[176] Vgl. *Schlosser,* JZ 1958, 526 ff. (527): „D. h. aber nichts anderes, als daß der Gesetzgeber ein Verhalten unter Strafe stellt, das er selbst für nicht vorwerfbar hält." — Hält Schlosser § 22 Abs. 3 WStG für verfassungswidrig, so wehrt sich *Oehler,* JuS 1963, S. 306, energisch gegen eine solche Auffassung. Umgekehrt hält er den Abs. 2 des § 22 WStG für äußerst bedenklich: „Das Risiko des nicht vorwerfbaren Irrtums des Soldaten über die Unverbindlichkeit des Befehles trifft den Staat und nicht den Soldaten ... Der Schutz des Volkes durch die bereite Schlagkraft der Bundeswehr ist höher einzuschätzen als die Straffreiheit des irrenden Soldaten." Hier erübrigen sich längere Ausführungen, um *Oehler* zu widerlegen. Es darf nur auf Art. 1 und 2 GG verwiesen werden.

[177] Vgl. S. 89.

Schlußbemerkung

Aufgabe der vorliegenden Arbeit war es zu überprüfen, ob der Gesetzgeber mit seiner Regelung unverbindlicher Befehle in den §§ 5, 22 WStG und 11 SG sein damit bezwecktes Ziel erreicht.

Durch den Weigerungszwang bei Befehlen, die ein Verbrechen oder Vergehen beinhalten, soll der Untergebene mithelfen, die Begehung schweren Unrechts zu verhindern. Wie die Umfrage ergibt, wird die Verwirklichung dieses Zieles dadurch gefährdet, daß viele Soldaten den Weigerungszwang nicht kennen. Aber selbst bei Vorliegen der Kenntnis des Weigerungszwanges bestehen große Schwierigkeiten bei Anwendung der Vorschrift auf den konkreten Einzelfall. Insbesondere bei Befehlen, bei denen die Gefahr der Begehung einer fahrlässigen Straftat besteht, ist nach der gesetzlichen Regelung für den Untergebenen nicht klar, wie er sich in der Befehlssituation verhalten soll. Deswegen muß bei der Entscheidung über die Verbindlichkeit dieser „gefährlichen" Befehle von der objektiven, dem Untergebenen zugänglichen Erfahrung ausgegangen werden.

Als besonderes Hindernis erweist sich häufig die mangelnde Fähigkeit, in bestimmten Situationen den Befehl zu verweigern, selbst wenn der Wille zur Weigerung besteht, ein Problem vorwiegend gesellschaftlicher Art. Um dem Untergebenen wenigstens eine rechtliche Hilfestellung zu geben, muß eine Prüfungspflicht und eine Pflicht zur Erhebung von Gegenvorstellungen bei tatsächlichen und rechtlichen Zweifelsfällen gefordert werden. Wie der Auswertung der Fälle zu entnehmen ist, ist die Pflicht zur Erhebung von Gegenvorstellungen nutzlos, solange der Soldat glaubt, bei Erfüllung dieser Pflicht entlastet zu sein. Deshalb muß dem Soldaten verständlich gemacht werden, daß er trotz erhobener Gegenvorstellungen für sein Handeln verantwortlich ist.

Um der Forderung des Art. 1 Abs. 1 GG entsprechen zu können, ist eine praktikable Umschreibung des Begriffes der Verletzung der Menschenwürde erforderlich. Will man den seelischen Konflikt des Untergebenen nicht übermäßig vergrößern, so ist beim „unzumutbaren" Befehl eine Subjektivierung bei der Beurteilung der Sachlage ähnlich wie beim „gefährlichen" Befehl unerläßlich. Schließlich muß klargestellt werden, daß ein Befehl, die Menschenwürde eines Dritten zu verletzen, verweigert werden muß, weil der Befehl regelmäßig ein Verbrechen oder Vergehen beinhaltet.

Eine weite Auslegung der Gesunderhaltungspflicht des § 17 Abs. 4 Satz 1 und 2 SG begünstigt Übergriffe durch Vorgesetzte im nichtdienstlichen Bereich des Untergebenen. Deshalb wird der Versuch unternommen, die Gesunderhaltungspflicht enger zu fassen bzw. ihr Heranziehen als Befehlsgrundlage zu beschränken.

Die Regelung des § 22 Abs. 3 WStG hinsichtlich nichtdienstlicher Befehle bewirkt, daß auch zweifelsfrei nichtdienstliche Befehle ausgeführt werden, weil das Risiko des Irrtums zu Lasten des Untergebenen geht. Da jedoch die Definition des nichtdienstlichen Befehls bereits in vielen Fällen unberechtigter Weigerung entgegenwirkt, kann auf § 22 Abs. 3 WStG in der vorliegenden Form verzichtet werden.

Sämtliche vorgeschlagene Änderungen verfolgen eine einheitliche Konzeption: *Sie wollen das Verantwortungsgefühl des Untergebenen stärken, so daß er in kritischen Situationen den Mut zu einer berechtigten Weigerung aufbringt.* Vielleicht läßt sich auf diese Weise die Anzahl der auf Befehl begangenen Verbrechen oder Vergehen verringern. Vielleicht lassen sich so Übergriffe durch Vorgesetzte verhindern.

Literaturverzeichnis

Ammon, Wilhelm von: Der bindende rechtswidrige Befehl, 1926 (Strafrechtliche Abhandlungen, Heft 217)

Arndt, Herbert: Grundriß des Wehrstrafrechts, 2. Auflage 1966 (abgekürzt: Grundriß)

— Die strafrechtliche Wirkung des militärischen Befehls nach dem Entwurf des Wehrstrafgesetzes 1956, GA 1957, S. 46 ff.

Baden, Manfred — *von Mitzlaff:* Wehrdisziplinarordnung, 6. Auflage 1965

Baumann, Jürgen: Strafrecht, Allgemeiner Teil, 5. Auflage 1968

Begründung der Bundesregierung zum Entwurf des Soldatengesetzes, 2. Wahlperiode des Bundestages, Drucksache Nr. 1700 (abgekürzt: Begr.)

Bieberstein, Marschall von: Verantwortlichkeit und Gegenzeichnung bei Anordnungen des Obersten Kriegsherrn, 1911

Bringewat: Der rechtswidrige Befehl, NZWehrr 1971, S. 126 ff.

Busch, Eckart: Zur Frage der Befehle im außerordentlichen Bereich, NZWehrr 1969, S. 56 ff.

Dreher-Lackner-Schwalm: Wehrstrafgesetz, Kommentar, 1958

Erdmenger, Rolf: Die Verbindlichkeit des rechtswidrigen Befehls des Vorgesetzten und die Begrenzung der Gehorsamspflicht des Untergebenen, Diss. Bonn 1958

Faust, Fritz: Einführung in das Wehrdisziplinarrecht, 1966

Fröhlich, Werner: Forschungsstatistik, 4. Auflage 1965, — Eine kleine Einführung für Psychologen, Pädadogen und Soziologen

Flütsch, Hans Jürg: Die rechtliche Natur des militärischen Befehls, Züricher Beiträge zur Rechtswissenschaft, Neue Folge, Heft 327, 1969

Haseloff/Hofmann: Kleines Lehrbuch der Statistik, 3. Auflage 1968

Hodes, Fritz: Wehrdisziplinarordnung, 2. Auflage 1962

Jescheck, Hans-Heinrich: Befehl und Gehorsam in der Bundeswehr, in Bundeswehr und Recht, 1965 (abgekürzt: Befehl)

— Lehrbuch des Strafrechts, Allgemeiner Teil, 1969 (abgekürzt: LB)

Kaufmann, Arthur: Das Schuldprinzip, 1961

König, René: Handbuch für empirische Sozialforschung Bd. I, 1967 und Bd. II, 1969

Kohlhaas/Schwenck: Rechtsprechung in Wehrstrafsachen 1. Ordner, 3. Lieferung 1970 (abgekürzt: Rspr.)

Kohlhaas, Max: Kommentar zum Wehrstrafgesetz, 1969

Kölner Zeitschrift für Soziologie und Sozialpsychologie, Sonderheft 12, Beiträge zur Militärsoziologie

Krawietz, Werner: Internationaler bewaffneter Konflikt und militärischer Gehorsam, DVBl 1970, S. 610 ff.

Lammich, Christoph: Der Präventivbefehl, NZWehrr 1970, S. 98 ff.

— Befehl ohne Gehorsam, NZWehrr 1970, S. 47 ff.

Lenckner, Theodor: Die Rechtfertigungsgründe und das Erfordernis pflichtgemäßer Prüfung, Hellmuth Mayer-Festschrift, 1966, S. 165 ff.

Liszt, Franz von: Lehrbuch des deutschen Strafrechts, 8. Auflage 1897

Liszt, v.-*Schmidt:* Deutsches Strafrecht, 25. Auflage 1927

Löffler, Alexander: Die Schuldreformen des Strafrechts in vergleichend-historischer und dogmatischer Darstellung, 1895

Luhmann, Niklas: Funktionen und Folgen formaler Organisationen, Schriftenreihe der Hochschule Speyer, Bd. 20 1964

Maihofer, Werner: Menschenbild und Strafrechtsreform in: Universitätstage 1964, Veröffentlichung der Freien Universität Berlin, 1964, S. 5 ff.

Maunz-Dürig-Herzog: Grundgesetz, 3. Auflage 1969

Maurach: Reinhart: Deutsches Strafrecht, Besonderer Teil, 5. Auflage 1969

Mayer, Max-Ernst: Der allgemeine Teil des deutschen Strafrechts, 1915

Mayntz, Renate: Soziologie der Organisation, 1963

Merton, Robert K: Social Theory and Social Structure, 1968 Enlarged Edition

Milgram, Stanley: Einige Bedingungen des „Autoritätsgehorsams" und seiner Verweigerung, in der Schriftenreihe für politische Psychologie, Bd. 6, Die politische und die gesellschaftliche Rolle der Angst

Moskos, Charles: Eigeninteresse, Primärgruppen und Ideologie, Beiträge zur Militärsoziologie, Sonderheft 12, S. 199 ff.

Nanz, Hans: Befehlsberechtigung und Gehorsamspflicht in schweiz. Militärstrafrecht und Berücksichtigung des deutschen Militärstrafgesetzbuches Zürich, Diss. 1916

Neue Zeitschrift für Wehrrecht, 1959—1971

Neurath, Paul: Grundbegriffe und Rechtsmethoden der Statistik für Sozialwissenschaftler, Handbuch für empirische Sozialforschung Bd. I

Neumann-Nipperdey-Scheuner: Die Grundrechte, Bd. II 1954

Oehler, Dietrich: Handeln auf Befehl, JuS 1963, S. 293 ff.

Rittau, Martin: Wehrstrafgesetz 1958

— Soldatengesetz 1957

Roghmann/Sodeur: Führerschaft im Militär, Beiträge zur Militärsoziologie, Sonderheft 12, S. 221 ff.

Roxin, Claus: Straftaten im Rahmen organisatorischer Machtapparate, GA 1963, S. 193 ff.

Sauer, Wilhelm: System des Strafrechts, Besonderer Teil 1954

Scherer, Werner: Soldatengesetz, 3. Auflage 1968

— Zur Frage der Befehle für den dienstfreien Bereich, NZWehrr 1961, S. 97

Schirmer, Berthold: Befehl und Gehorsam, 1965

Schlosser, Peter: Zur verfassungsrechtlichen Problematik der Irrtumsregelung in § 22 WStG, JZ 1958, S. 526 ff.

Schmidhäuser, Eberhard: Strafrecht Allgemeiner Teil, Lehrbuch, 1970

Schmidt, Eberhard: Lehrkommentar zur Strafprozeßordnung und zum Gerichtsverfassungsgesetz Teil II, 1957 und Nachträgen und Ergänzungen zu Teil II (StPO) 1967

Schneider, Hans Joachim: Prognostische Beurteilung des Rechtsbrechers: Die ausländische Forschung, in Handbuch der Psychologie Bd. 11: Forensische Psychologie, S. 396 f.

Schönke-Schröder: Strafgesetzbuch, Kommentar, 15. Auflage 1970

Schreiber, Jürgen: Unverbindliche Befehle — Versuch einer Systematik, NZWehrr 1965, S. 1 ff.

Schwaiger, Konrad: Handeln auf Befehl und militärischer Ungehorsam nach dem Wehrstrafgesetz vom 30. 3. 1957, Diss. Heidelberg 1962 (abgekürzt: Handeln auf Befehl)

— Der Anwendungsrereich des § 5 WStG, NZWehrr 1961, S. 64 ff.

Schwinge, Erich: Militärstrafgesetzbuch, 6. Auflage 1944

Stratenwerth, Günter: Verantwortung und Gehorsam — Zur strafrechtlichen Wertung hoheitlich gebotenen Handelns, 1958

— Strafrecht, Allgemeiner Teil, 1970

Time: The Weekly Magazine

Uhlig, Heinrich: Der verbrecherische Befehl: in Vollmacht des Gewissens, Bd. 2, 1965

Vermander, Eduard: Unfallsituation und Hilfspflicht im Rahmen des § 330 c StGB, 1969

Vogler, Theo: Zum Einwand des „Handelns auf Befehl" im Völkerstrafrecht, Revue de droit pénal militaire et de droit de la guerre 1968, S. 111 ff.

Weber, Hellmuth *v.*: Die strafrechtliche Verantwortlichkeit für Handeln auf Befehl, MDR 1948, S. 34 ff.

Wegener, Dietrich: Befehle Vorgesetzter, eine Übertretung im Sinne des § 1 Abs. III StGB zu begehen, NZWehrr 1959, S. 132 ff.

Weißbuch 1970: Zur Sicherheit der Bundesrepublik Deutschland und zur Lage der Bundeswehr. Hrsg. v. Presse- und Informationsamt der Bundesregierung.

Welkisch, Kurt: Der rechtswidrige bindende Befehl in seiner Abhängigkeit von der jeweiligen Staatsauffassung. Diss. Breslau 1934

FSC
www.fsc.org
MIX
Papier | Fördert
gute Waldnutzung
FSC® C083411

Kolibri 360 GmbH
Ferdinand-Jühlke-Straße 7
99095 Erfurt, Deutschland
produktsicherheit@kolibri360.de

Druck:
CPI Druckdienstleistungen GmbH
im Auftrag der
Kolibri 360 GmbH
Ferdinand-Jühlke-Str. 7
99095 Erfurt